奠定父母与孩子一生
亲密关系的互动游戏书

你就是孩子最好的玩具 ②

亲子游戏篇

南方出版社　　刘瑛 著

图书在版编目（CIP）数据

你就是孩子最好的玩具2 / 刘璟著. —海口：南方出版社，2011.12（2020.1重印）

ISBN 978-7-5501-0651-2

Ⅰ．①你…Ⅱ.①刘…Ⅲ.①家庭教育 Ⅳ.①G78

中国版本图书馆CIP数据核字(2011)第259390号

你就是孩子最好的玩具2

刘璟/著

责任编辑：	孙宇婷　王涵
责任校对：	代鹤明
版式设计：	卢馨
出版发行：	南方出版社
地　　址：	海南省海口市和平大道70号
电　　话：	(0898) 66160822
传　　真：	(0898) 66160830
经　　销：	全国新华书店
印　　刷：	三河市北燕印装有限公司
开　　本：	700mm×1000mm　1/16
字　　数：	140千字
印　　张：	13
版　　次：	2020年1月第1版第2次印刷
书　　号：	ISBN 978-7-5501-0651-2
定　　价：	38.00元

新浪官方微博: http://weibo.com/digitaltimes

序言
做一个有游戏精神的父母

游戏是孩子的天性。每个父母都曾享受过儿时快乐和纯净的游戏时光，但是当我们成为父母，父母的角色总是束缚着我们的思维。

有些父母认为游戏是在浪费时间，担心孩子会因此输在起跑线上。他们剥夺了孩子游戏的乐趣，要求孩子花点时间和精力在学习上。这类父母寄希望于孩子长大之后会明白自己的苦心，但是以后孩子能不能明白还不知道，现在亲子关系遭到破坏已是不争的事实。

有些父母认为游戏很重要，但游戏是孩子的事，和自己没有半点关系。他们不惜花钱给孩子买贵重的玩具，自己却把大把的时间用在看电视、刷手机上。这类父母享受了目前亲子之间互不干扰的相处模式，却不知道已经为日后疏远的亲子关系埋下伏笔。

然而父母们是否知道，你本人（没错，就是你！）比任何玩具都更让孩子喜欢和着迷呢？孩子们并不需要智力玩具或电视节目，他们需要的是你！他们真正看重的是和你在一起的快乐时光。他们需要被重视，需要和父母单独相处而不被打扰，需要和父母建立一生的亲密关系。也正是基于这点，本书无意在游戏的重要性上喋喋不休，它解决的是父母如何与孩子游戏，与孩子做什么样的游戏，如何在游戏中进行情感引导的问题。本书旨在通过亲子互动游戏打造父母与孩子一生的亲密关系。

英国教育家洛克说过，教导儿童的主要技巧是把儿童应做的事都变成一种游戏。在游戏中，父母应该注意些什么呢？

首先，父母要从心理上尊重孩子的游戏，不压抑孩子的游戏精神。

孩子有种魔力，能够把平凡场所中不为人注意的角落变成兴趣盎然的游戏场。在他们看来，什么地方都是游戏室，什么事情都是游戏。他们可以不讨厌玩毛毛虫，也可以把开关电视这种大人看来单调的行为做得有滋有味，甚至在吃水果的顺序上也会大做文章。孩子天生擅长的，往往就是父母在成长中遗忘丢失的。父母往往会觉得孩子的行为不可理喻，而不知道这才是童趣和游戏的精髓所在。对此，父母要做的非常简单，就是不干涉、不限制，不压抑孩子的游戏精神。

其次，父母要为孩子创设合适的游戏环境。

著名的幼儿教育家蒙台梭利十分重视环境。他认为如果儿童被置于一个有利于他们的自然发展的环境中，使他们能按自己的需要、发展的节奏和速度来行动，他们就会显现出惊人的特性和智慧。他做过这样一个实验：选择一个环境适宜的房间，精心布置成适合孩子的样子。当孩子轻轻打开门的时候，门的扶手大小恰好能为他的手所握住；挂衣物的衣钩就在他伸手能够得着的地方；房间所放的椅子，其重量正好适合他的臂力……结果，这个孩子在这个环境里获得了很大的提高，很快变得能力非凡。对此，父母要注意的是：你不是孩子，你代替不了孩子，你能做的只是帮助孩子。只要给孩子营造了合适的游戏环境，你只需要静待花开。

最后，也是最重要的一点，任何游戏要以儿童为本位。

父母要牢记无论在游戏内容、游戏时间，还是游戏过程中，孩子才是游戏中的主角。父母所说的每一句话，设置的每一个游戏场景，都应该是为了帮助孩子的发展，而不是为了达到自己的目的。

微博上曾经有个视频很火。视频中一位妈妈假装要"摘下"孩子的鼻子，孩子吓得哭了起来。妈妈再假装给孩子安上，孩子破涕为笑。就这样，孩子被妈妈逗得一会哭一会笑。

再比如，爷爷假装要吃孩子手里的饼干，但是当孩子把饼干递过来时，却说："爷爷不吃，你吃吧。"

相信有孩子的家庭对这两个情景应该不陌生。虽然游戏活动是儿童的工作，但在游戏中戏弄孩子，孩子就充当了一次"猴"的角色。相反，如果父母能够借此游戏发展孩子的自我意识、培养他的感恩意识，这才算是一次真正意义上的合格的亲子游戏。这样的游戏才是孩子所需要的。

大文豪高尔基也说过，游戏是认识世界和改造世界的途径。在孩子认识世界和改造世界的过程中，父母要谨记：你就是孩子最好的玩具，但孩子绝不是你的玩具！

目录
Contents

也会受到外界的善待；而一个心存恶意的孩子，他伤害他人有多深，受到的伤害就会有多深。

父母如何引导是关键
同理心是爱心的高级表现

一次角色扮演、一次剪刀石头布来决定谁倒垃圾的小游戏，父母都要积极引导。

抓住责任心培养的关键期
培养孩子的责任心需要注意什么？

父母不应该太过严肃地进行一板一眼的道德说教，而是应该将节日活动和游戏结合在一起，让孩子在感兴趣的同时被潜移默化地影响。

学会传递善意
学会孝敬老人

只要我们选择相信孩子，孩子就会尽其所能地不辜负我们的信任。就算孩子犯了错，父母的信任也会帮孩子对抗说谎的冲动。

父母要少开空头支票
父母要对孩子保持信任

对游戏敷衍了事的时候,孩子会很快感觉到,同时也会对游戏失去兴趣。

不要忘记答应孩子的事

真正参与孩子的游戏

那些喜欢用异常行为来引起大人注意的孩子,可能在婴儿期就曾受到成人的捉弄,极度缺乏安全感。

捉弄会让孩子产生不安全感

主动参与并关心孩子的游戏内容

每一个人都有自己的童年。可人们一旦长大,就把自己的童年忘了,一味地以成人的标准去要求孩子。

把自己当成孩子

不干涉和限制孩子

这样的孩子没有自我内心的调节能力。他觉得不被接受,就必须不断证明给自己和其他人看,必须每天想出新花样来争取关注。

适当让孩子承担后果

如何发现孩子的异常行为

第一章 优秀的父母
要有游戏精神

著名的幼儿教育家蒙台梭利认为："游戏活动是儿童的工作。"孩子身心发展的水平，决定了孩子喜爱游戏、乐于游戏，进而在游戏中学习各方面知识的特点。

因此，在教育中，父母要采取让孩子容易接受的情境教育法，也就是游戏教育法。我们希望父母都成为有游戏精神的父母。

说到游戏大家都知道，那么何谓游戏精神？对此，我们需要强调两点。第一，让孩子游戏不如陪孩子游戏。让孩子游戏主要是指给孩子创造游戏的环境，让孩子自由玩耍，而陪孩子游戏则更强调发挥父母的引导性作用，并且能更进一步地促进亲子关系。第二，陪孩子游戏不等于有游戏精神。如果说陪孩子游戏还比较容易做到，那么有游戏精神则对父母提出了更高的要求。

让孩子出类拔萃的并不是提前识字，
而是游戏、游戏、再游戏！

第一节 有游戏精神的父母孩子最喜欢

家庭是孩子游戏的舞台

很多家长以为给孩子买一堆玩具，让他自己玩耍，就已经做到尽善尽美了。对孩子来说，玩具自然不可或缺，但孩子更渴望家长陪他一起玩耍。玩具再多不如玩伴一个。

曾经有心理学家对孩子做了"你最喜欢什么样的家"的调查。结果发现，孩子们对父母和家庭的要求中，放在首位的并非是物质条件，而是宽松的游戏环境。

然而，许多父母和小孩平时在家里都是这样的情景：爸爸妈妈靠在沙发上，看看电视或者随意翻阅报纸，孩子在一旁百无聊赖地噘着小嘴巴，听爸爸妈妈聊一些他听不懂的话题；或者孩子耐不住寂寞地在沙发上蹦蹦跳跳、拉拉窗帘、摁摁遥控器，左顾右盼地发泄着过剩的精力……这些都是现代家庭中非常常见的场景。可以说，父母给了孩子一个不快乐的童年。

为什么有些孩子害怕回家，因为在家里没有人跟他一起玩游戏，家对他来说只不过是一个冷冰冰的水泥盒子，和孩子想象中的乐园差别很大。虽然孩子回到家里，实则孤单一人。孩子回到家吃完饭、写完作业后，就再也不知道怎么打发多余的时间了。长此以往，孩子的性格也就有可能变得孤僻抑郁，不爱与人交往。如果孩子感受不到家的温馨和幸福，将来就很难成为懂得自爱和爱人的人。可想而知，他们也不会懂得如何与别人分享好的事物和感受，很容易发展成"以自我为中心"的人。要想杜绝这种发展趋势，父母就要想办法，把家打造成一个温馨幸福的乐园，一个让孩子可以自由玩耍游戏的舞台。

游戏是孩子的学习形式

对于孩子来说，家庭是他接触世界的平台。在家庭的各个角落，他都可以有惊人的发现，并从中找到乐趣。爱玩是孩子的天性，他缺少的不是游戏，而是玩伴。

蒙蒙今年 6 岁，上一年级。他从小学钢琴，也一直对音乐和钢琴充满热爱。可是最近不知为什么，他对钢琴变得碰都不想碰了，一回家就打开电视。蒙蒙的妈妈虽然发现了儿子的异常，却不知道该怎么办。

蒙蒙爸爸生日那天晚上，爷爷奶奶、叔叔阿姨以及表姐表哥等都来了。蒙蒙妈妈把蛋糕端了上来，蒙蒙爸爸熄了灯，点蜡烛，许愿，切蛋糕。大家唱起了生日歌，祝福蒙蒙爸爸生日快乐，并且纷纷送上生日礼物。

蒙蒙也很开心，他说，他没给爸爸准备什么礼物，今天就为爸爸演奏一首歌曲。于是蒙蒙弹了一首《祝你生日快乐》。大家都纷纷鼓掌，还随着音乐跳起舞来。

从此以后，蒙蒙恢复了每天练习钢琴的习惯。而蒙蒙的爸爸妈妈也会在他弹奏钢琴时，伴着美妙的音乐翩翩起舞。有时爷爷奶奶、外公外婆也会受邀来聆听蒙蒙的演奏，并且兴致勃勃地迈开舞步。调皮的蒙蒙有时还会让妈妈弹琴，自己在客厅里边唱边跳，把大家逗得哈哈大笑。

蒙蒙弹琴，爸爸妈妈、爷爷奶奶跳舞，这其实是大人和小孩以一种游戏和娱乐的态度来对待学习，寓教于乐。从这个案例中，我们可以看出游戏精神的重要性，它对培养孩子的健康成长有着无法替代的作用。

如果父母是充满情趣的人，家庭就是孩子游戏的舞台。在家里时而由孩子来当表演嘉宾，时而让父母来当表演嘉宾，此外还能上演各种各样的游戏。在这个舞台上，成人和孩子一起尽兴游戏。欢乐的氛围，能够锻炼孩子的胆量，提高孩子的交往能力。把家庭变成一个乐园，有百利而无一害。

生活起居的兴趣引导

许多父母或许会问，在家中哪有那么多的游戏可供自己与孩子一起玩耍？事实上，只要你是个细心而快乐的家长，就会发现，可以在家中和孩子一起玩耍的游戏数不胜数。家中的各种活动，都可以变成游戏；家中的各种物品，都可以变成玩具；而父母和其他人，自然是孩子最好的玩伴。

我们来看一个兴趣引导的实例：

君君今年 7 岁，已经上一年级了，不仅成绩好，而且在各方面都表现得很好。在家长会上，君君的妈妈和其他家长分享了自己的育儿经。

原来君君在刚上幼儿园的时候，也是一个散漫而没有条理的孩子，经常丢三落四的，为此君君的妈妈也很发愁。

有一天傍晚，君君妈妈在厨房里择菜。君君凑了过来，跟妈妈说，她想学做菜，等长大以后做给爸爸妈妈吃。妈妈听了就夸君君好乖，并且告诉君君，做菜要从择菜开始，择完菜洗菜，洗完菜切菜，然后才能开始烧菜。

君君妈妈一边耐心地教导君君怎么择菜，一边示范给她看。借此机会，妈妈又告诉君君做事情要有条理，什么东西该放在什么地方，都要了然于胸，这样就不至于找不到。比如油盐酱醋都要放好，还要记住放在哪里，这样炒菜时才不会手忙脚乱。

君君听完之后就说，以后我也要把文具盒、手绢、水杯放在固定的地方，这样一下子就能找着了。从此以后，君君就极少落东西，其他方面的毛病也越来越少。

君君妈妈感到非常惊讶，心想当时如果不肯让君君择菜，把她拒于千里之外，孩子肯定就没有今天这么神奇的变化。

陶行知先生说过，自理能力必须在幼儿期就开始培养。这一时期孩子的可塑性最大，最容易接受新的、好的东西，错过了便难再培养。所以，父母要从小通过生活起居的点点滴滴来引导和教育孩子。

父母要在生活起居中主动培养孩子的自立、自理能力，就需随时关注孩子，利用他们的兴趣加以引导。既然父母不能代替孩子成长，就不能为其免除自立的痛苦，只能从旁加以关注和引导。否则，纵有辽阔的天空，孩子也不会飞翔。

许多父母由于过分溺爱孩子，或者不信任孩子的能力，而不让孩子动手做一些力所能及的事情。这无异于把一次培养孩子的机会拒于千里之外。

君君妈妈做菜时，让君君参与了择菜、洗菜的过程，并让她在一旁观看做菜的工序。做好之后，还让她复述一遍做菜的步骤。这样，君君的统筹安排能力和记忆力便在无形中得到了锻炼，同时还增长了她的生活常识。这对提高君君的自立能力是非常有帮助的。

父母应该及时放手让孩子做一些力所能及的事，比如自己穿衣、洗漱，自己整理玩具、文具，自己洗手绢、袜子等。从这些家庭起居生活中引导、培养孩子在这方面的能力。

但需要注意的一点是，父母要根据孩子的爱好加以引导，千万不可以强迫孩子去做一些力所不及的事情。比如君君妈妈不会让君君真的去炒菜，一来太危险，二来君君还没到能够做菜的年龄。如果让孩子做力所不及的事情，只会打击孩子的自信心，让孩子怀疑自己的能力。久而久之，孩子就会养成半途而废的毛病。孩子将来踏上社会，离不开勤快的双手与善于思考的大脑。

幼儿期乃是一生的黄金时期，想让孩子变成一个优秀的人，千万不要让他们在这个时期"丧失"动手的机会。

父母仍需注意的一点是，日常生活教育的目的，除了让孩子学会倒水、切菜、穿衣、打扫等，更在于让孩子借由"工作"发展注意力、观察能力和记忆力，并从中学习统筹安排，从而培养孩子独立生活、独立思考的能力。

亲子游戏是孩子的缓冲器与加油站

　　游戏是孩子成长的第一要义。许多父母为了孩子将来能够在竞争激烈的社会中生活得更好，从上学之前就开始给孩子报各种各样的辅导班，生怕孩子输在起跑线上。殊不知，这不是爱，而是"害"。多数的情况是，父母本想让孩子多学习知识，结果却导致孩子对学习丝毫提不起兴趣。还有一种情况，就是即便孩子成绩很好，可其他什么都不会。所以，父母千万不要让孩子对学习感到恐惧和厌恶，也不要把孩子变成学习的"机器"。

　　美国早教专家玛思博士曾说过："让孩子出类拔萃的并不是提前识字，而是游戏、游戏、再游戏！"所以，我们一定要把游戏时间和欢乐还给孩子。

　　8 岁的明明已经上二年级了，他经常突然发脾气，不做作业，不想去学校上课，更不想去上妈妈给他报的辅导班。有一天，明明逃课了。因为这件事情，老师来家访。之后，妈妈急忙带着明明到医院去检查身体，医生认为明明可能已经患上了儿童抑郁症。

　　原来，明明在最近的期中考试中发挥失常，成绩从上一次的前几名直线下滑到了中游位置。因此，他感到羞愧和自卑，甚至开始怀疑自己的学习能力。心里总感觉对不起爱他的爸爸妈妈，有一种负罪感，无法接受这个事实。

　　这主要是因为明明的父母对他的要求和期望过高，让明明连喘口气的工夫都没有，更别说有什么玩耍的时间了。长此以往，这造成了一种巨大的压力，让明明表现得越来越失常，甚至影响到了他的心理健康。

孩子的世界本应当是缤纷多彩，充满欢笑和快乐的，可是有的孩子小小年纪却总是郁郁寡欢。这是一个令父母和孩子都感觉十分痛苦和困惑的问题。我们通常以为抑郁症只会发生在成人身上，而忽视了儿童也可能会得抑郁症。抑郁不仅会使孩子心理过度敏感，对外部世界采取退缩、回避的态度，还可能造成儿童发育不良。

心理专家指出，一旦孩子遇到心理问题，很难自己克服这些问题，度过困惑时期，从中恢复过来并汲取教训或自己把它忘掉。父母应该多和孩子沟通，及时了解孩子的心理状态。同时还要让孩子明白，不管发生了什么事，父母都会和他一起应付处理，让他感觉到不孤单。当孩子在父母面前吐露苦恼时，父母千万不要表现出惊讶、生气或无法理解他的样子，而是应该耐心地倾听他的完整讲述，尽可能多地了解详情，然后再想办法克服孩子的担忧和恐惧。

很多父母望子成龙、望女成凤，在学习方面给孩子造成巨大的压力，让他们没有时间、精力和心情玩游戏。然而，游戏是对抗心理疾病的最好药方。在游戏中快乐成长起来的孩子，自信乐观，善于与人相处；而缺少游戏的孩子，神经质，精神压力大，消极自闭。因此，除了家庭作业和补习班，父母一定要努力给孩子更多的游戏时间。

亲子关系是所有人际关系的基石。所有人际关系处理的好坏都能在原生家庭的亲子关系中找到原因。

第二节 互动游戏是亲子关系的催化剂

亲子关系是所有人际关系的基石

张俞是一位博士，到了中年才喜得贵子，对孩子的爱和期望可想而知，属于典型的"严父"形象。然而，他的一番苦心却似乎化成了苦果。虽然儿子的智商和情商都有很好的发展，跟他却越来越疏远。这让张俞异常痛苦，他也敏感地意识到，良好的亲子关系对孩子的培育影响非常大。他深知，孩子的培育不是一日之功，需要良好的亲子关系作为土壤。一旦亲子关系恶化，好不容易建立起来的自信、乐观、冷静等性格就会很容易土崩瓦解。

究其原因，则是张俞忽略了寓教于乐的原则，把孩子当成了大人，结果孩子完全不能理解家长的苦心。例如，孩子在自行玩耍时，张俞常常进行干预，这让孩子很是不快，就埋下了亲子关系疏远的伏笔。

爱玩是孩子的天性，孩子正是在玩耍中提高自己的各项技能的。特别是后天培育的能力，更是离不开对游戏的着迷。像张俞的这种行为，不仅使亲子关系遭到破坏，更重要的是让孩子的发展也受到了阻碍。

张俞意识到自己教育方式上的不足，开始有意增加和孩子的互动游戏。在这种游戏的氛围中，"坏爸爸"很快又变成了"好爸爸"。

在孩子的培育过程中，亲子关系是非常重要的。因为只有以良好的亲子关系为基础，父母的"言传身教"才能落到实处，才能如愿地对孩子产生深刻的影响。而最能影响亲子关系的，绝对不是父母单方面对孩子的爱和关心，而是父母和孩子之间的互动游戏。

爱玩是孩子的天性，但游戏恰恰是很多父母都不擅长的。有些父母情商很高，但那局限在成人世界中，他们应对得体，游刃有余，让人如沐春风。在和孩子相处的时候，他们却变得一板一眼，让孩子很难亲近，从而产生排斥心理。

父母惊诧和伤心于疏远的亲子关系，既意识不到造成这种疏远的原因是自己没有和孩子玩到一起，也对亲子关系不善的后果估计不足，这会严重影响孩子的发育。很多父母无视孩子的游戏精神，为人父母的责任压在他们肩上，让他们变得非常不可亲。他们总是只在意孩子的未来，而看不到孩子的现在。为了孩子所谓的美好未来而不惜牺牲孩子快乐的现在，这绝对是一种错误。

处在发展阶段的孩子完全听不懂苦口婆心的大道理。孩子不听话，急坏了父母，于是他们更坚定了"把孩子的坏毛病纠正过来"的想法。父母越着急，孩子越不能理解，这样的恶性循环，导致了亲子关系的恶化。尽管父母寄希望于"以后孩子长大了会明白的"，但是以后孩子能不能明白还不知道，现在亲子关系遭到破坏却是不争的事实。想要建立和保持和谐的亲子关系，就需要父母身体力行，和孩子玩到一起，成为孩子的玩伴。这能奠定孩子一生的能力基础，一点都不能掉以轻心。

家庭是孩子出生后接触的第一个环境，因此家庭毫无疑问是孩子的第一课堂，父母是孩子的第一任老师。亲子关系是孩子遇到的第一个人际关系，对于孩子的成长尤为重要。孩子控制自己情绪的能力、和他人相处的能力，以及对待自身情绪和周围环境的态度，很大程度上是在家庭生活中形成的，是跟着父母亦步亦趋地学会的。和谐的亲子关系，体现的是家庭内部的氛围，对孩子的发展影响深远。

心理学家经过研究得出结论，亲子关系是一个人一生当中所有社会关系的基础，不管是同事关系、朋友关系、亲戚关系，还是更亲密的夫妻关系，其处理好坏都能在亲子关系中找到原因。

而想要改善亲子关系，父母并不能依靠自己的学识、地位和财富，而只能依靠游戏，因为这是孩子唯一能理解的方式。孩子都是通过游戏来解读世界的，因此游戏是亲子关系最好的催化剂。

什么样的游戏算是合格的亲子游戏？

早教专家指出，早期的亲子游戏有益于亲子之间的情感交流。密切亲子关系，有益于婴幼儿的情商发展。良好的亲子关系反过来又有助于亲子游戏在家庭中的进一步开展和丰富，从而形成良性循环，促进幼儿情商、亲子关系、家庭关系等多方面的发展。

虽然在广义上讲，家长和孩子之间相互配合、交流的活动，都可以看做是亲子游戏，但我们还是要强化一下"游戏性"。只有远离道德说教，放弃目的论，站在孩子的角度，和孩子平等地参与到游戏中去，成为孩子真正的玩伴，才能算是合格的亲子游戏。这种亲子游戏，不仅对孩子的培育有帮助，能增进亲子之间的关系，对父母自身的发展也很有帮助。

互动游戏在增进亲子关系方面，主要体现为密切情感联系、促进情感交流。在游戏中的身体接触，对增进亲子关系有着最为重要的作用。孩子能更大程度地感受到父母的爱与关注，形成双向情感联系，有利于促进双方的情感交流，强化亲子关系，增进孩子的成长。

父母必须要强化这种游戏意识，参与到孩子的游戏中，这样不仅能改善亲子关系，而且对孩子的能力培养，对孩子一生的幸福，都深有帮助。在游戏中，需要父母全身心投入，从而使亲子关系更加和谐。

保持亲密有效的亲子沟通

有很多父母很少和孩子进行亲密沟通，这既会造成亲子关系的疏离，也会导致孩子的性格缺陷。孩子没有安全感，情绪的控制能力也会很差。孩子的天性就是喜欢玩乐，从玩乐中获得对世界的认知。而父母最主要的任务，是陪孩子一起玩乐、一起成长。父母对孩子的关爱，不应该是单方面的，而应该是互动的；不应该只关注物质层面，更应该关注孩子的精神层面。

　　晓川的妈妈为了晓川这个"心头宝"，辞去了待遇优厚的工作，在家做起了全职太太，一手打理儿子的生活起居。
　　一次体育课，晓川不慎摔断了腿，在家躺了三个月。恢复健康后他开始厌学，动不动就让妈妈帮他请假。在家里，他整天上网玩游戏，连三餐的饭菜都要妈妈端到电脑前。

晓川妈妈虽然看着难受，但也不敢问晓川为什么不想上学。因为一问晓川，他就吵吵嚷嚷，说妈妈啰唆。晓川妈妈也只好默不作声，一天到晚跟晓川说得最多的话就是："今天想吃什么？"

后来，晓川生活毫无规律，整天关起房门上网，日夜颠倒。晓川的父亲知道了之后很生气，责骂晓川，可妈妈却帮忙挡着。到最后，就连晓川妈妈也看不下去了，催促晓川赶快回学校上课。没想到，晓川却突然大发雷霆，冲上前去要和妈妈动手。

晓川父母惊呆了，晓川怎么会变成这样？不得已之下，他们带晓川去了心理咨询所。经诊断，晓川属于儿童行为和情绪障碍，这使他在解决人际关系和情绪问题时出现异常。

心理咨询师和孩子仔细沟通之后，才发现，晓川妈妈虽然一手照料孩子的生活起居，但极少和孩子有过玩耍和沟通，并且晓川妈妈也是个非常情绪化的女性。由于工作繁忙，晓川的爸爸很少有时间陪伴孩子。晓川看到的爸爸，永远是一副严父的形象。晓川的爸爸没有保持和晓川的亲密沟通，忽视了孩子在精神和心理层面的需求。晓川个性中一些阳刚、分享、开朗等品质的缺失，和父母的疏于陪伴有着极其密切的关系。晓川妈妈虽然终日守着晓川生活，但她从来没有走进过晓川的心里，并不知道晓川内心真正需要什么。

有教育专家表示："父母教育孩子的最基本形式就是与孩子谈话。我深信世界上最好的教育，是在和父母的谈话中不知不觉地获得的。"可见，沟通在家庭教育中起到举足轻重的作用。

心理学家指出，在游戏中母亲能培养孩子细腻的感情，父亲则给孩子提供阳刚和力量的榜样。在父母的陪玩中成长，孩子会变得更细腻体贴，更自信勇敢，更有安全感，更有承受力。如果父母在这方面根本没有注意过，孩子的心理和精神发育就会出现停滞或者失衡。

显然，家长的陪伴和沟通对孩子的培养是极其重要的。

智商是与生俱来的，情商却是可以无中生有的。

第三节 游戏是培养孩子情商的最佳手段

很长一段时间以来，中国的父母比较迷信智力，以为孩子越聪明，以后的成就就会越大，因而自己也更为放心和自豪。但事实果真如此吗？

根据心理学上的定义，智商主要反映人的认知能力、思维能力、语言能力、观察能力、计算能力等。也就是说，它是主管抽象思维和分析思维，是先天遗传的，由基因决定。除非能改变基因，才可能让一个智力一般的人一跃而成为天才。

情商主要反映一个人的感受、理解、运用、表达、控制和调节情绪的能力，以及处理人际关系的能力。它是可控的，其实是我们大脑对外界的一种互动关系，可以在后天中慢慢培养提高，从而达到一种和谐状态，为我们自身建立最佳的发展平台。

孩子优秀与否，将来成就多大，情商的作用很重要。国外教育专家甚至指出：一个人的成功，智商所起的决定作用只占到20%，情商则占到80%。其实，对于父母来说，不妨这样理解：智商是与生俱来的，情商却是可以无中生有的。对孩子的智商发展，父母的后天作用有限，对孩子的情商发展，却是父母说了算。

李开树是一个智商很高的孩子（智商测试超过了 140），但是最终他在父母的陪伴下走进了心理诊疗所。谈及孩子的自闭症，李开树的父亲李琨十分揪心。

虽然成绩一直名列前茅，但学校的老师反映，李开树越来越不合群。其他同学认为李开树因为成绩好，眼中瞧不起人，也开始不爱跟李开树接触了。他跟父母也很少交流，回到家里，就把自己关在卧室里。虽然他的成绩没有下降，而是越来越好，但是他的父母越发焦急起来，他们担心李开树会变成别人口中的只会读书的"书呆子"。

在心理医生那里，李琨第一次听说了"情商"这个词。很显然，李开树的智商虽然很高，但掩盖不了他的情商不足的缺陷，这造成了他孤僻的性格，长此以往，就可能形成心理疾病。李琨吓了一大跳，他在电视上也看过一些患有心理疾病的孩子，他不希望自己的孩子也变成那样，他该怎么办呢？

像李开树这样的孩子还有很多。父母偏重于智商教育，以为孩子的未来全由智商决定，却完全忽略了情商教育，结果他们都成了"高分低能儿"。这其实就是有了智商，缺了情商。

父母作为孩子的第一任老师，着眼于情商教育远远要比重视智商教育更关键。一个孩子即便拥有很好的天赋，但如果没有良好的情商，那就是一种悲哀。孩子情商的高低，与孩子童年幸福与否有着直接的关系，所以给孩子一个幸福的游戏的童年，一个让他值得回味一生的难忘童年，是每个父母都应该努力做到的。

游戏是培养孩子情商的最佳方法

事实上，提高孩子情商最立竿见影的方法，就是父母陪孩子一起玩耍。很多父母可能会不以为然，可是帮助孩子发展情商，不是一朝一夕的事情，也不是靠照本宣科的教育方法就能达到目的的。

简而言之，父母也要是情商高手，才能在玩耍中给孩子更为直接和有效的影响。

高智商的父母未必能生出一个高智商的孩子，但高情商的父母一定能培养出一个高情商的孩子，这就是先天与后天的区别。父母应该做的就是，更关注游戏中对孩子的情商培养。

意识到情商教育对孩子成长的重要性之后，父母就应该努力提高自身的行为水平，通过言传身教，让孩子的情商指数突飞猛进。如何鉴别自己的情商指数，从而意识到自己在哪些方面存在不足，需要加以改进，以对孩子产生良好的影响，就成了父母们的当务之急。心理学家给出了生活中情商高低的不同表现，父母们可以对比一下，看看自己的情商是高还是低。

高情商：尊重孩子和周围的人。不将自己的价值观强加于孩子，对孩子的期望合理。承受压力的能力强，善于处理生活中遇到的问题。人际关系良好，和家人、朋友和同事都能友好相处。控制情绪的能力强，情绪稳定，时刻传达出自信和乐观。

较高情商：有责任心，有主见，比较独立，但有时候会受到他人情绪的感染。能妥善处理家庭矛盾，对外有较好的人际关系。即使偶然遇到挫折，也能应对大多数问题，不会在孩子面前表现出太大的心理压力。

较低情商：做事不太果断，容易受他人影响，没有主见。能应付较轻的焦虑情绪，但遇到重大的难题容易放弃。人际关系较差，喜欢揣摩别人。

低情商：自我意识差，情绪控制能力差。随波逐流，对他人有严重的依赖心理。对孩子放任自流，没有责任心，爱抱怨。处理人际关系的能力差。

作为孩子主要的培育人，父母是孩子最好的榜样，所谓"有好样学好样，有坏样学坏样"，父母的言行，会给孩子造成最直接的影响。

言传身教，父母也需要不断学习，调整言行。《三字经》里说："子不教，父之过。"结合教育来看，父母之过，不仅体现在不让孩子接受教育，更体现在父母无法完成"言传身教"的育子重任。"言传身教"说起来容易，做起来难。很多父母的表现都很值得商榷，比如教育孩子时一套，自己的言行是另一套。这种矛盾的教育方式不但很难帮助到孩子，反而会让孩子的情商不及格。

父母聚在一起时总喜欢聊自己的孩子，开始的时候总会对孩子的考试成绩大说特说，但慢慢地就会发现孩子懂不懂事更重要。等孩子长大了，意识到自己教育失败的父母才会猛然醒悟，相对于学校的所有考试来说，社会的考试都更为重要、更为严格。学校的尖子生到了社会上，可能疏于人际交往，对人情世故也一概不懂，不仅自己的性格和心理承受能力出现偏差，也会让周围的人不自在。这些可怕的"后果"，其实都是父母亲手栽种在孩子身上的。

孩子都是父母的心头肉、掌中宝，他们无时无刻不在操心孩子的身体健康、心智发育和学习成绩。为了孩子他们什么苦都能受，什么牺牲都能做，但是这些还远远不够。他们首先要让自己做合格的父母，通过自己的"言传身教"，给孩子做出表率。

心理学家还大力推荐以下几种提高情商的方法，值得情商指数不高的父母借鉴：第一，学会心理设限，这能让你在他人（特别是孩子）面前保持情绪稳定；第二，理性多于感性，用你的言行告诉孩子，三思而后行才能更大程度地减少麻烦；第三，不轻易抱怨，唠叨的父母会让孩子失去耐心；第四，不轻易耗费精力，疲倦度高的父母向孩子传达的信息是"这很糟糕"；第五，做一个快乐的人，生活中总有不如意的事，你的乐观会感染你的孩子。

努力做到以上几点，将会得到一个双赢的结局。在这个过程中，孩子能够通过父母的言传身教，提高情商指数；而父母也通过和孩子的相处，改变自己的不足之处，让自己的情商指数大幅提升，成为更合格的父母。

情商成熟，孩子才真正成熟

我们常常会夸奖一些有着独特想法或合理行为的人成熟。其实，成熟还是不成熟主要区别在待人接物，以及遇到事情如何处理上面。体现在孩子身上也是一样的。情商成熟，孩子才是真正成熟。接下来，我们一起来看一个例子。

佳佳是一个学习成绩非常优异的孩子，然而智力的光环掩盖了他情商的不足，在生活中他的很多缺点都很难被人发现。直到上初中后，由于父母望子成龙，送他进入贵族学校，佳佳在情商方面的不足才逐渐显露出来。

由于贵族学校全是寄宿制，所有的孩子都要住在学校里，进行统一管理。这样一来，很多突发情况都需要佳佳自己处理，动手能力差导致他不能及时适应寄宿生活，而生活节奏的混乱又导致了他情绪的失控。不得其法的佳佳，将原因归咎于自己的室友，开始抱怨这抱怨那，渐渐和室友的关系越来越僵了。佳佳的父母担心他的成绩，以为佳佳成绩下降真的是那帮室友造成的，忙着帮他转校。但到了另外一所贵族寄宿学校，佳佳仍然遇到了相同的问题。

几经周折，佳佳的父母才不得已接受这样的现实：佳佳智商虽高，情商却很不成熟。当他的年龄越大，智商就越受到情商的限制，他的表现也就越来越差。

当佳佳学习成绩好的时候，他的父母忽略了对他情商的培养，是造成现在这种局面的主要原因。他们以为只要孩子学习成绩好，就什么都好，这是犯了以偏概全的错误。对于孩子来说，只有当他的情商发展跟他的年龄匹配，他才算真正成熟。而对父母来说，除了智力发育，还需要对孩子的情商培养花费更多的心力。为此，父母一方面一定要提高自己的情商，另一方面要通过正确的方法对孩子的情商加以引导。

正如我们前文所说的，游戏是提高孩子情商的有效手段，做孩子的好玩伴，父母才能达到帮助孩子发展情商的目的。为什么说情商成熟才是真正的成熟？我们回顾一下情商的定义，就能看得更清楚。心理学家认为，情商包括以下内容：一是认识自身的情绪，二是能妥善管理自己的情绪，三是自我激励，四是认知他人的情绪，五是人际关系的管理。孩子的情商成熟与否，体现在他是否能展现和他年龄相符的情绪控制能力和社交能力，这是孩子日后走向社会时最重要的能力，也是一个人真正长大成熟的衡量标准。

我们都知道，智商是先天的，而情商则是靠后天培养，是孩子和父母双方努力的结果。

专家指出，情商是一个难以精确量化的概念，只能根据个人的综合表现进行判断。另外，孩子的情商是不断变动的，3岁的时候是高情商，8岁的时候可能就是低情商了。正因为情商的这种不确定性，父母在孩子的情商培育中才显得尤为重要。他们的言传身教，他们的寓教于乐，可以帮助孩子达到各个年龄段的情商成熟，甚至是高情商。而如果换成其他人来引导孩子的情商发展，则很难有条件通过全面观察和综合评价来掌握孩子的情商发展水平，也就不能采取相应的措施来培养孩子的情商。

总之，对于孩子来说，智商的发展并不意味着成熟，只有当孩子的情商也发展到与其年龄相符的水平，才是真正的成熟。而在孩子的情商发展过程中，父母的作用是无可替代的。因此，父母不仅要重视自身的情商修养，还要成为孩子最好的玩伴，这样才能帮助孩子在游戏中走向真正的成熟。

新鲜事是怎么来的？答案是：游戏。

第四节 亲子游戏是孩子一切未来生活的胚芽

游戏是人类必不可少的基本天赋这个理论，早已受到认可。哲学家弗里德里克·席勒认为，游戏对于人类的经验至关重要。在席勒看来，游戏让人类得以实现他们最崇高的渴望和理想。

而游戏对于儿童而言，是儿童内心世界与外部世界的连接点，是假想世界与真实世界的能量转换器。在游戏中，儿童不仅可以提高自己各方面的能力，学会与人交往的方式，还可以释放自身的压力，调整身心状态，让自己以最佳的方式出现。

随着孩子年龄的增长，其独立意识也会增强，他们的责任意识也会随着独立性的增强而增强。因此，父母要主动地、有意识地通过亲子游戏来培养孩子的自理、自立能力。

同样，自由玩耍能够培养孩子的创造力和社会技能。当游戏没有大人参与时，孩子在事情的解决、协调以及领导等方面的能力就会得到提升，而这些往往在有成人参与的氛围下难以实现。而由父母陪同玩耍，可以增进亲子之间的关系，同时能够及时零距离地沟通，掌握孩子的心理状况。

　　为了充分体会游戏的力量，我们需要了解游戏之力如何与爱和工作相关联地发展。儿童发展的主要阶段，在传统上是依据发生在各个时段的生理、理智和社会情绪发展来描述的。游戏不是奢侈品，反而是一项极为关键的动力，攸关所有年龄层之生理、智能和社会情绪的健康发展。不仅如此，父母要在孩子游戏和玩耍的过程中，有意识地培养孩子各方面的能力。千万不要让孩子成为一个只会做家庭作业和考试的"机器人"，这会让孩子和父母的生活中缺少太多的乐趣，也十分不利于孩子的成长。孩子的心理敏感而脆弱，比起成人更容易在精神方面受到创伤。身为父母不应该对孩子期望过高，而对孩子造成心理压力。应该给孩子创造一个幸福而温馨的环境，让孩子自由自在地玩耍和成长。

　　因此，只要坚持每天给孩子预留一些玩耍时间，不仅能让孩子放松身心，还可以让孩子学会自己掌控时间，培养诸多生活技能。

　　心理学家告诉父母，应该多参与到孩子的游戏中。他们在游戏中学习，在游戏中成长。现在的孩子以独生子女居多，在生活中缺乏游戏的伙伴，这时父母就务必要充当孩子游戏的玩伴，陪伴孩子在游戏中快乐成长。在这种情况下，通过和父母一起完成亲子游戏，孩子会把从游戏中获得的做事和人际交往的态度、方式、方法，运用到自己的现实生活中去。

　　许多父母总是以成人的眼光来看待孩子的世界，这就在无形中竖立起一道隔阂。要成为孩子最称职的玩伴，能和孩子一起游戏，父母首先要变身为"孩子"，用孩子的眼光去看待周围的一切。然后，根据孩子的兴趣爱好，设计互动式的游戏，并且积极参与。这样，作为亲子关系的重要一方，父母在游戏中才能发挥作用，更好的引导孩子在游戏中培养和拓展各方面的能力。

送孩子一堆玩具不如陪孩子一起玩耍

　　游戏活动，是教育与培养孩子各方面能力的最有效的方法。而在游戏中，不可避免地要为孩子选择适合其年龄而又符合游戏性质的玩具。孩子透过游戏和玩具来发现、认识自己和世界。

　　很多家长以为给孩子买一堆玩具，让他自己玩耍，就已经做到尽善尽美了。对孩子来说，玩具自然不可或缺，但孩子却更渴望家长陪他一起玩耍。

　　玩游戏是孩子滋长想象力和幻想能力，发掘自身探索力和创造力的一种方法。作为父母，分辨孩子需要什么和想要什么是极其重要的。当下这个时代，玩具太多，新式种类的玩具层出不穷。如何选择成为父母面临的难题。有的家长希望孩子可以玩到所有种类的玩具，不要在玩上落后于其他小朋友。然而，这只是父母的一种满足心理。

　　稀奇古怪的念头和想象力常常是被极其简单的事物勾起的，如果通过游戏和玩具不能滋长孩子的想象力和幻想能力，不能发掘自身的探索力和创造力，那么游戏就失去了真正的意义。

　　游戏能调动孩子的所有感官，使他能够全身心地投入其中。随着各种游戏的进行，孩子从感觉到认知，从智能到体能，从语言表达到情感交流，都会得到极大的促进。游戏可以逐步塑造孩子的性格与品德，意志与才能。如果游戏的内容超过了孩子自身的认知能力，那么孩子进一步探索的好奇心将受到阻碍，会因游戏受挫或失败而形成不自信、不敢挑战的心理。

　　所以，为孩子选择合适的游戏是极其重要的，只有符合孩子的成长特征，才能最大化地发掘孩子的潜能，促进多方面能力的发展。

不同阶段的孩子有不同的特点

婴儿期（0~1岁）

婴儿的情绪都表达的非常直接，他只愿意接触愉快而有趣的事物，对于感到厌恶的游戏，则尽全力地加以排斥。凡是他感到快乐的游戏，它会反复地做个不停。这可以使婴儿的智能得到长足的进步与发展。虽然婴儿自己也能玩，但它可以独立完成的游戏，毕竟少之又少。一个经常自己玩耍的婴儿，很难记住新事物，也不能自行发展出创新的游戏方法。知识的学习能力，一定比别人慢。由此可见，对婴儿而言，父母的"陪同玩耍"是绝对不可少的。

让婴儿听各种美妙的声音，父母可以放一些柔美动听的音乐，而后和婴儿一起陶醉在音乐的旋律中。父母还可以采用握手指、模仿动物、遮脸、捉迷藏与追逐等游戏增加婴儿的各种体验，激发婴儿各方面的潜在机能，加深他对周遭世界的认知。

幼儿期（1~3岁）

著名的意大利教育家蒙台梭利把幼儿期称为"敏感期"。这个时期的孩子对任何事都充满了兴趣，对于周围的一切都无限关注，并且勇敢地开始挑战。蒙台梭利明白幼儿喜欢木头、棉花、羊毛或金属的舒服感受，她把棉纱线染上基本色，以刺激儿童的视觉感官。这样的感官刺激对较大的孩子同样受益。触摸，也是一种强烈的感官体验。对幼儿来说，照顾者的拥抱和抚摸对他们的健全发育极为重要。人与人的肌肤接触，是一种抚慰的感官体验。天然材质令人感到舒适、压力获得舒缓，对幼儿来说尤其如此。

选择合适的感觉玩具，可以更加有效地帮助孩子进行感官体验，促进孩子的视觉、听觉、触觉的发育，并通过游戏将感觉转化为认知。父母一定要把握好孩子在幼儿期的成长特点，更好的挖掘感知力和探索力。父母在这个阶段可以和孩子玩一些与数字有关的分类游戏，也可以和孩子一起做点心，激发孩子的动手能力和创造力。

与此同时，在运动方面要多多锻炼孩子的平衡能力，培养一项运动爱好。必须强调的是，无论做什么游戏，父母一定要重视孩子的感受，千万不要将自己的感受附加在孩子身上。

学龄前期（3～6岁）

三岁的孩子，在智能和身体的机能方面，是进一步发达的重要时期。从这个年龄起，孩子的头脑和身体已经可以并用。父母在陪孩子做游戏的时候，除了运动游戏，还要配合好语言和思考游戏，使孩子身、心、语言的发展能够齐头并进。尤其在3～4岁之间，正是大脑连接神经系统最为发达的时期，应多做运动游戏，以身体的活动带动大脑的刺激，进而促进大脑更灵活地发生作用。

因此，孩子所进行的游戏，最好是富有思考性的，让孩子在游戏之中多动动脑。对于此种年龄的孩子，若只凭着说话来解释事物的因果关系，或说明各种理论，恐怕难以使孩子理解。就凭着一张嘴所说出来的话，对孩子来说，没有实质上的意义。孩子所需要的是一种实质的体验。在实际的体验中，学习各种事物的原理，才具有效果。如果孩子能在心情愉悦的情况下，亦即在游戏中实际体验，孩子的学习效果将更为卓越。

这个阶段要注重培养孩子的独立能力。穿衣服、脱衣服这种能独立完成的事情家长要鼓励他一个人完成。而在游戏方面，要增加团体游戏以培养孩子的责任感和忍耐力、与朋友之间互助合作的精神和相互体贴的心。

　　总而言之，游戏对孩子的成长意义重大。在游戏中，父母所给予的任何指导和教育，都足以影响孩子的一生。我们从那些成功的人身上可以了解到：孩子年幼时期的教养，尤其是在孩子0~6岁的阶段，乃是决定一个人终生幸福的关键。在这个人生的重要时期，父母一定要给予孩子最适合的教育和指导。而游戏，就是其中最重要且有效的方法，是孩子一切未来生活的胚芽。最适合的教育和指导需要通过最适合的游戏来实现。在本书后面的章节中，我们将为大家详细的介绍不同的年龄阶段所适合的不同的游戏，以及不同的游戏所锻炼的不同的能力。

孩子的游戏，不是无关紧要的。它是非常严肃的，而且意义深刻。

第五节 亲子游戏中要以儿童为本位

对于孩子来说，游戏是他们最好的学习方式。他们在游戏中学习，在游戏中成长，开发自己的情商，挖掘自身的潜能。教育家克鲁普斯卡娅说过："对孩子来说，游戏是学习，游戏是劳动，游戏是重要的教育形式。"这句话说出了游戏对于孩子成长的重要性。大文豪高尔基也曾说过："游戏是孩子认识世界和改造世界的途径。"游戏不仅能发展孩子们的协调性和灵敏性，帮助孩子全面提高各种能力，对父母的帮助也是有目共睹的——父母既可以在游戏中重温自己的童年，也能收获融洽的亲子关系。

现代家庭以独生子女居多，在生活中（特别是幼年时期），孩子们缺乏游戏伙伴，这时父母就是他们的大玩伴。游戏是孩子成长的重要内容，也是孩子与父母交流的一种重要形式。它不仅能促进家长与孩子之间的情感交流，密切亲子关系，还有益于儿童各个方面的发展。孩子会自觉地把在亲子游戏中获得的爱心、同理心、安全感、自信等因素运用于日常生活中，自然就很容易提高这些方面的能力。

虽然越来越多的父母意识到了游戏在亲子关系中发挥的巨大作用，

然而在和孩子一起玩的时候，他们还是会碰到一些困惑:孩子的适龄游戏是什么? 哪些游戏是健康的，能够促进孩子的各方面的发展? 父母应该怎样参与到游戏中去?

对于父母来说，这些问题最终归结为一个问题:我们准备好做孩子的玩伴了吗? 这个问题应该从三方面来分析:在游戏前，父母怎么选择合适的游戏? 在游戏中，父母的心态怎样调整，以及怎样引导和适时中断游戏? 在游戏后，如何进行必要的总结，乃至安排下一次游戏?

处理好主角与配角的关系

现在我们要谈论一个重要的问题:父母和孩子在游戏中各自担任什么角色? 这个问题处理不好，就是行百里者半九十，会让父母此前的所有努力功亏一篑，不仅收不到任何效果，反而可能在游戏中伤害到孩子。

游戏是孩子的天性。孩子在游戏中是当仁不让的主角，父母作为玩伴，要时刻注意自己的配角角色，千万不能越俎代庖，更不能企图去控制孩子的游戏。很多游戏中的事情在成人看来很简单，但孩子不是成人，他们需要在"正确—错误、成功—失败"的不断尝试中提高自己的能力。

在游戏中，父母是孩子的玩伴。父母需要做的是给予孩子积极的引导，而不是帮助孩子做判断。孩子是游戏的主导者，而父母只是参与者或者引导者。和孩子在一起玩游戏，父母就好像皇帝身边的大臣一样。大臣尽心尽力地为皇帝出谋划策，但所有的决定还是由皇帝来做。这是原则问题。

只有父母时刻注意自己的游戏角色，才能发挥自己的引导作用，才能发挥游戏的最大作用。在游戏中，孩子潜移默化地学会了控制自己的情绪，与人融洽地相处。这些素质，会让孩子受益终身。

在这种公平的游戏方式中，孩子是掌控者，他可以接受或者拒绝父母的建议。父母千万不可横加干涉，这样才能培养孩子的主动性、积极性、独立性和创造性。有时候，父母以危险、不卫生、对学习没有帮助等理由，对孩子的游戏加以限制，只会挫伤孩子的好奇心和积极性。与孩子建立平等的玩伴关系是亲子游戏的最高境界，可以更好地调动孩子游戏的积极性，让孩子在游戏中通过模仿与创造学习技能。

就拿心态来说，父母需要忘记自己的"家长身份"，以孩子的思维参与到游戏中，否则就容易玩得不投入，容易产生疲倦感，或者经常被其他事情打断游戏，甚至强行做游戏的控制者，破坏游戏的规则。这样一来，尽管你在和孩子一起玩，但孩子还是能感觉到你的"心不在焉"，他会觉得游戏索然无味，更不可能通过游戏培养自己的能力了。

很多父母都只想给孩子创造一个优越的生活环境，让孩子受最好的教育、有最好的物质生活条件，却往往忽视了孩子在精神和心理层面的需求。这些做父母的并不缺乏教育子女的热情，也不缺乏对子女的责任感，但疏忽或错误理解了亲子关系。他们在教育孩子时，没有科学的教育理论指导，也没有科学的教育方法，或简单粗暴，或溺爱放任，或一曝十寒，或随心所欲。这些盲目的教育方法常常导致子女教育的悲剧。父母的热情越高，所造成的灾难越大。

所以，父母在为孩子选择游戏时，需要注意：

要根据孩子的年龄来安排游戏的内容。如果孩子喜欢玩过家家，你却陪他玩积木，或者孩子喜欢看动画片，你却陪他做算术游戏，这样做只会南辕北辙，让孩子对任何事情都提不起兴趣。

要注意游戏的重复性和一致性。如果一个游戏只玩一次或者总是变化规则，那么对孩子的培养帮助并不是很大。

保证游戏的趣味性。如果枯燥无味，那么孩子很快就会感到厌烦和腻味，根本不会从游戏中学到什么。

让游戏具有鼓励性，能够让孩子在完成游戏时获得成就感。让孩子在游戏中得到鼓励和成就感，能让孩子对下一次游戏产生期盼和兴趣，更能培养孩子乐观自信的良好性格。

亲子游戏中的其他原则

教育专家提出了亲子游戏中的几大原则。

趣味性原则。游戏首先要好玩，这样才能激起孩子的兴趣，让他投入其中。

互动性原则。在游戏中，父母和孩子是平等的玩伴关系。作为游戏的参与者，父母要尊重孩子的需求和兴趣，切不可有霸王条款，随意控制游戏。

主动性原则。父母应该主动对孩子的游戏表现出强烈的兴趣，甚至不等孩子邀请，主动发出参与游戏的请求，这会让孩子热情高涨。

适龄性原则。孩子的游戏包罗万象，从婴儿期到青春期，都有相应的游戏，父母要选择适合孩子年龄阶段的游戏。

引导性原则。在游戏中形成的情商，对孩子以后适应社会有着至关重要的作用。在亲子游戏中，父母要积极引导孩子的情商发展。比如，让孩子养成遵守游戏规则的习惯，不许要赖；合理安排游戏时间；对游戏的道具收拾要有条理等。

随意性原则。和孩子的游戏随时随地都可以进行。父母随时准备、发现游戏，并投入到游戏中，进而对孩子进行引导，让孩子随时都能享受到游戏的乐趣。

　　在游戏中，家长一定要注意方式方法，这样才能达到最佳的游戏效果。

第二章 在游戏中
培养孩子的七大能力

书到用时方恨少。能力尤其如此。因为能力的形成远远比读书耗费的时间要长。如果你希望孩子在哪些方面表现优秀，就要从孩子小时候起，根据特点进行不同方式的引导和开发，让孩子最突出的智能做火车头，引领其他能力发展。这样省时、省事又省力。

> 一个恰到好处的目标能够让孩子自己对事情
> 有一个正确的认识。这不仅能激发孩子的自信,
> 还能为他在各个方面创造提升认知的条件。

第一节 角色认知游戏:
培养孩子的自我认知能力

自知是基础

为人父母会很辛苦,这是人尽皆知的。而丽娜做了母亲后,虽然也时常感到疲惫,但她总是能从中找到乐趣。

她见证了孩子的视觉、听觉、触觉的发育成熟,越来越迷恋于和孩子玩各种各样的小游戏。她贪婪地捕捉着孩子成长的点滴信息,以难以想象的激情投身其中,找到了无穷的乐趣。

她乐此不疲地和孩子玩着熟悉身体构成的游戏。她帮助孩子认识自己的手和脚,接着是孩子的五官。她还设法让孩子意识到镜子里的人正是他自己,让孩子学会用"宝宝"来称呼自己,说"宝宝饿了""宝宝要喝水"等。

她让孩子知道了自己的身体,知道了其他人的存在,并能加以区分。接着她致力于让孩子意识到情绪这回事,包括自己的和他人的情绪。虽然不是那么容易,但整个过程依然是那么趣味性十足。

丽娜意识到，作为妈妈，她的付出收到了回报，因为她的孩子在同龄人中是佼佼者。育儿虽然辛苦，但对于高情商的母亲而言，这些都是好玩又有益的游戏。

从生命形成到 6 岁，孩子的这段经历让人惊奇。他们似乎将生命的进化重新演绎了一遍：从在羊水中静静发育，到瓜熟蒂落，到爬行，再到直立行走，伴随着牙牙学语以及最重要的自我认知。

这里的“自我认知”就是我们通常所说的“自我意识”，即作为主体的我对自己以及自己与周围事物的关系，尤其是自己与他人关系的意识。它包括三种成分：一是认识成分，即个体对自己的了解与自我评价；二是情感成分，即个体对自己、他人以及周围事物的体验；三是意志成分，是指个体对自己的控制。

自我认知能力是情商中最重要的部分，是其他各种情商能力的基础。良好的自我意识对情商发展有着重要的作用。首先，自我意识的水平制约着情商的形成和发展。其次，自我评价的性质决定情商发展的方向。人如果不了解自己的长处和短处，就无法自觉调整情商发展的方向。最后，自我调整控制的能力制约着情商所能达到的发展水平。所以，良好的“自我认知”对孩子日后的全面发展具有非常重要的作用。

在培养孩子自我认知能力的过程中，父母发挥着重要的作用。高情商的父母会通过各种角色认知游戏，帮助孩子培养自我认知能力，使孩子尽快熟悉自己的身体和情绪，建立和外部世界的初步关系——这种关系将构成未来人际关系的基础。而且，高情商的父母会长期重视孩子的自我认知能力的培养，不会掉以轻心。

角色认知游戏对于每个孩子来说都很重要。每个人降临到世上，都会不自觉地去寻找自己的归属感。每个人都会在潜意识里问"我是谁？""我在哪里？""什么是属于我的？"等种种问题。我们来到这个世界上，首先会需要确认自己的存在、自己的归属，然后才是对自己的行为和能力的判断，以及对情绪的控制。

在认识自我和认识世界的过程中，每一点新发现对于孩子来说都是新奇的，充满了乐趣。对于有心的父母来说，只要稍加点拨，就能让这些发现像游戏一样有趣，加深孩子的印象，进而培养孩子的自我认知能力。

前段时间微博上流传一个很搞笑的视频：妈妈用手在小孩的鼻子上一按，说把宝宝的鼻子"摘下"来了。宝宝看见妈妈双手握着藏在背后，也不去摸自己的鼻子是否真的被"摘下"了，就号啕大哭。这时妈妈又将手在宝宝的鼻子上一按，说已经把鼻子安装上了。宝宝马上就停止哭泣，而且还笑得咯咯响，继续跟妈妈玩。这还没完，等妈妈再"摘下"他的鼻子的时候，宝宝又哭了。如此反复，宝宝被逗得一会儿哭，一会儿笑。

这个视频让我们觉得宝宝天真无邪，非常可爱。殊不知，这时他还没有足够的自我认知能力，每次的"上当受骗"，实际上都是错过了一次自我认知的机会。这时候父母要做的不是继续去逗笑，而应该是帮助他学会自我认知，知道自己是谁，需要什么，什么是正确的，什么是错误的。这样才能够帮助孩子确立"我"和"他"的意识，并加以区别。当孩子意识到这种区别后，他也就开始驾驭认知能力了。

如果父母不能给孩子提供很好的帮助和引导，让孩子产生正确的自我认知，可能会产生一些难以估量的、潜在的负面影响。比如，有可能会导致孩子没有自信，缺乏安全感。因为这些孩子从小就缺少父母的引导，遇见好奇和不懂的问题父母也没有及时解答，让他们在大脑里没有办法回答自己的"归属问题"，也就很难正确地评价自己和他人，自然也很难信任自己和他人。

孩子的自我认知缺失，会让他无法准确地认识自己的行为和能力，进而影响他的目标设定和自信心。当一个孩子对自己的行为和能力估计偏低的时候，他就会对设定的目标缺乏信心。

同样的道理，当他对自己的行为和能力估计过高的时候，就会出现我们经常说的"眼高手低"的状况。无论哪一种状况，都不是正确的自我认知，这就需要父母对孩子的自我认知过程有一个正确的引导，而早期的角色认知游戏在这方面非常有效。

通过游戏发挥孩子的想象力，从而提高孩子的认知能力，当然是一个好的办法。但是，在实施的过程中，还是有一些值得父母注意的地方。

比如，在游戏中父母给孩子制订目标和计划时不宜过高或过低。孩子在执行家长的计划和目标时，会在内心自我调整以提升"自己的行为和能力"。一个恰到好处的目标能够让孩子自己对事情有一个正确的认识，而不需要大人过多干预。这不仅能激发孩子的自信，还能为他在各个方面创造提升认知的条件。

又如，家长和孩子进行角色认知游戏时常常会遇到孩子注意力不集中的情况。"玩一会儿就不想玩了""一会儿弄这个一会儿弄那个"，孩子很难持续做完一件事。这是因为孩子正处于角色混淆的状态，对我们给他提供的角色扮演无法迅速理解。父母这时候不能因为孩子的多变而放弃计划，而是要耐心让孩子去观察，重复模仿，以加深他的印象，从而增强孩子的角色经验，培养他的自我认知能力。

适当参加成人活动做到知人

人一旦投入到社会中，最重要的是能够做到两点："自知"和"知人"。自知能够让孩子认识自己、控制自己。知人能够让孩子处理好人际关系。这两点是情商教育的两个基本立足点。除了培养孩子的自我意识之外，父母还需要营造环境，让孩子能够更多地接触外面的世界。通过对成人世界的接触，孩子对于外部环境的认知会逐步加深，那么，自然就能够更好地知人，更好地了解成人世界。在一定程度上，孩子也就更好地理解父母，更乐于接受父母的影响和引导。

有一个故事说，一个妈妈带着自己6岁的孩子和闺密逛商场。她们享受着购物的快感和闲逛闲聊的乐趣，但是孩子很快就失去了兴致。即使她们送礼物也不能让他高兴起来，甚至孩子哭闹着要回家。开始的时候，年轻的妈妈不能理解孩子为什么不听话，后来当她帮孩子系鞋带的时候，无意中用孩子的视角看到了不一样的商场：由于孩子的身高，他看到最多的就是人腿，根本看不到琳琅满目的商品。

这个故事的原本用意是告诉家长要给孩子自己的天空，让孩子自由成长。不过，心理专家指出：随着孩子的不断成长，融入成人世界是必然的。妖魔化成人世界，让孩子和成人世界保持距离，并不是明智的做法。相反，孩子需要和成人世界的接触经验，这将刺激孩子智商和情商的发展。对于父母来说，只要注意不让孩子过早和过多接触成人世界丑恶的一面就行了。

正如英国教育家洛克所说："对于亲子教育来说，最简明、最容易而又最有效的办法，是把孩子应做或是应该避免的事情的榜样放在他们面前。一旦把孩子熟识的人或榜样给他们看了，同时说明他们为什么漂亮或丑恶，那种吸引或阻止他们去模仿的力量，是比任何说教的力量都要大的。"

在孩子的成长过程中，成人的影响其实是无所不在的。首先是家庭成员的影响。父母和长辈的言传身教，能够帮助孩子确立最基本的品质。父母作为孩子的第一任老师，能给予孩子最直接的影响，帮助孩子建立爱心和安全感。

但是，其他成人对孩子成长的影响也不可小觑。比如老师，比如邻居，这些都是孩子经常接触的。此外，父母还经常忽略一个重要的群体，就是自己的社会关系，如自己的同事、同学、朋友等。这些人的智商和情商水平，其实和父母更为接近。如果父母能够让孩子多接触这些人群，对孩子的社交礼仪和交际能力的培养，对情商的巩固和发展，都深有帮助。

当然，真正的成人活动，是和孩子有一定距离的。孩子不可能像成人那样游刃有余地融入其中，这需要父母的安排。情商高的父母，会消除孩子对参加此类聚会活动的恐惧感，并让孩子体验到游戏的乐趣。既然成人参加此类活动能感到一种趣味性，对世界更好奇的孩子也当然会发现更多的乐趣，从而更为投入，学到更多的知识和技能。有些好的影响更是让孩子一生受用不尽。

参加一个聚会，意味着对孩子提出了多方面的要求，如果处理得好，会让孩子相应的情商和能力得到锻炼和提高。比如参加派对，父母和孩子都要打扮整洁，这是一种自我认可；作为受邀宾客，准时到达是基本礼仪，这会让孩子体验到诚信；接受赞美和赞美别人，这是人际关系的润滑剂；帮助别人和分享美食，这培养了孩子的分享精神。不过，作为准备工作，在带领孩子参加这类派对活动之前，父母应该让孩子掌握必要的社交礼仪和文明礼貌。比如怎么和叔叔阿姨聊天，怎么就餐，怎么要求帮助并致谢，在活动结束后互道告别等，这些都能锻炼孩子的交际能力。当这些完成得很好时，孩子就会受到他人的真诚赞美，这会使孩子更加自信。

之所以参加成人的聚会能让孩子得到诸多训练和提高，一方面是因为此类成人活动展示的是成人优秀的一面，另一方面是因为孩子参加此类活动时，自我要求也相应地大幅提高。这些都能帮助孩子尽快成长起来。而对父母来说，这类活动也能让孩子见识到自己的另外一面，比如自己谦虚和友善的一面，自己成功和自信的一面。这些和父母在家庭中的形象肯定会有所区别。这种差异性能让孩子更了解自己的父母，从而增进父母在孩子眼中的威信，让孩子更乐意受到父母的影响。

而在父母和周围环境的影响下，孩子也在不断地"知人"，对他人和外部环境有更深刻的认知，从而又促进了自我认知的深化。父母对孩子的引导、帮助是培养孩子自我认知能力的关键。父母要适时地鼓励孩子，为孩子创造游戏环境，让孩子在角色扮演中体会全新的自我，让孩子在融入成人世界的过程中刷新认知。

孩子在不断成长，家长也要以成长的眼光看孩子。孩子的成长速度是惊人的，每天甚至每分钟都有进步。所有的父母都希望自己的孩子能得到最广阔的发展空间，所以千万不要以"你还太小，等大一点才行"之类的话来搪塞孩子，限制了他们的发展。

鼓励孩子，关键不在于父母对孩子说了什么，而在于听了父母的话之后，他们在心里是怎样对自己说的。

第二节 "我能行"游戏：培养孩子的自我激励能力

"你能行"让孩子从不愿意到愿意

涛涛买了辆电动吉普车，开在小区里特别的威风。每次妈妈和他开着小车到小区里玩的时候，总会吸引很多人的目光。有一天，他们开到了一处刚施工完的地方，有一块篮球场那么大的沙地，沙子堆得有点厚，车子开上去就无法像在水泥地上那么顺溜了。

涛涛喊妈妈帮他推："妈妈，你帮我推一下就过去了。"可是妈妈没有答应他，妈妈说："你的不是电动吉普车吗？你看电视里吉普车在大沙漠都能越过去，这个小沙漠你也肯定能越过去。"涛涛打着方向盘，车子动力很足，虽然沙子摩擦力不够，但还是能慢慢地向前进。妈妈在前面的空地上等着他，胜利就在眼前了。妈妈说："涛涛真棒，像赛车手一样。妈妈做你的啦啦队，为你加油。"

这时，涛涛的车子突然停住了。涛涛着急了，开始检查是哪里出了问题。结果他发现前轮被一块石头顶住了。那块石头虽然不大，但挺厚的，车轮子抵在那就过不去了。发现了故障，解决起来就容易了。涛涛把车子退后一点，绕开了石头，很快就开到了妈妈的身边，接受妈妈的奖励了。

在与外界的互动过程中，不可能事事一帆风顺。在遇到困难和挫折的时候，就需要孩子能够自我激励，从而战胜困难，持续地进步。哲学中说，事物总是通过内因发展变化的。自我激励就是孩子情商成熟的内因。掌握自我激励能力的孩子，在处理各种问题时，会显得更为游刃有余。

每个孩子都希望在自己生活、学习的过程中得到他人的激励，但这并不是最好的解决方法。父母应该教育孩子，不要将期望寄托在他人身上，要学会自我激励。自我激励的游戏在生活中是很常见的，因为在孩子成长的过程中，会经常跟或大或小的挫折打交道。对于父母而言，应该从小为孩子安排自我激励游戏，不要轻易在游戏中帮助孩子解决问题，而是要通过游戏，让孩子树立"我能行"的勇气和自信。

在现实生活中，父母往往忽略了游戏和现实的界限，往往利用外在的奖励来刺激孩子。其实这只能一时刺激孩子，对培养孩子的自我激励能力是没有好处的。比如，孩子的妈妈答应他考试分数高，就给他 100 元零花钱。可是一年过后，孩子已经买足了自己想买的东西，对 100 元的奖励也无所谓了，于是成绩直线下降。这是来自妈妈的激励，而不是孩子自发的自我激励。外在的激励只能有短期效果，只有自我激励才能长久地帮助孩子自信满满，不轻言放弃。

心理学家威廉·詹姆斯曾说过："人性最深切的渴望就是获得他人的

赞赏，这是人类有别于其他动物的地方。"每个人都渴望受到别人的重视，得到别人的赞美。在这个世界上，所有成就非凡的人成功的信念都源于赞美。父母的一句"我相信你是最棒的""你不会让我失望的"，是孩子日后所有奇迹的萌发点。对于任何一个孩子，父母只要给予期待和肯定，他们就会受到激发，让父母看到希望。所以，很多父母会犯这样的错误：为了激励自己的孩子，就用金钱等进行奖励。然而，这些外在的激励方式一旦取消，孩子就会失去继续努力的动力，因此不能持久地取得成功。另外，这会使得孩子容易受到物质的诱惑，有可能还会因此走向歧途。

"我能行"让孩子坚持下去

孩子的行为大部分是通过激励产生的，通过不断的自我激励，孩子会产生一种强大的动力，激励他不断取得新的成绩，最终到达成功的顶峰。在自我激励游戏过程中，父母作为参与者和见证者，要适当地给予鼓励和赞扬。这个时候父母要表现出高情商，不能只是一味地强调"你能行"，而是要让孩子自己感觉到"我能行"。孩子应该是此类激励游戏的主体，父母尽量不要强行塞给他们一些观点。

心理学家曾指出："鼓励孩子，关键不在于父母对孩子说了什么，而在于孩子自己跟自己说了什么，在于听了父母的话之后，他们在心里是怎样对自己说的。"父母鼓励孩子的最终目标不是去赞美他，而是让他更有自信。

父母要明白，其实每个人的内心都有渴望激励的需求。一个懂得自我激励的人，能够在与别人各方面水平和条件都一样的情况下做到更好。

许多运动员在参加比赛前，都会进行一些相应的自我激励，以使自己取得更好的成绩。在游戏中，父母也要引导孩子培养自我激励的能力。

孩子在自我激励中可以逐步提升自信，使自己拥有良好的自我感觉，而这种感觉又会反过来促进孩子自我激励。如此良性循环，就会让孩子逐渐向高情商发展。这样的孩子便能充分发挥出自己应有的潜能，一步一步走向成功。

游戏时，父母怎样做，才能更有助于孩子自我激励能力的培养呢？

首先，在游戏中，要为孩子预设一个合理的激励目标。要给孩子制订一个具有吸引力的目标，它必须在数量、质量、时间上都有明确的规定，还要有一定的难度，让目标具有一定的挑战性。父母在制订初始阶段目标时可以把要求放得低一点，让孩子能够顺利达到，以此增强孩子取胜的信心，然后努力去完成自己的每一个小目标。父母要让孩子明白，如果没有自我激励，一句空泛的"我要成功"是毫无意义的。

其次，在生活中，父母要注意有技巧地引导孩子学会自我激励，而不是一味地去赞美他。当孩子克服很大的困难取得成功之后，父母在夸奖孩子的同时，应让孩子为自己的行为与取得的结果感到自豪，让孩子体验到成功本身带给自己的快乐，并且相信自己有能力做成很多事情。这样，孩子就会在内心升起自强的精神，时时进行自我激励。

对于孩子来说。进行自我激励可以激发他们的潜能，从而使他们有更好的表现。良好的表现又会促使孩子做出进一步的自我激励，对他们的情商发展大有帮助。

既然如此，父母就要在日常生活中，随时随地地寓教于乐，帮助孩子培养自我激励的能力，让孩子能够更为自信和坚强，从而战胜脆弱和挫折。

家长要为孩子创造各种独立做事的条件，不
当拐杖当向导，激发孩子的主观能动性。

第三节　分配任务游戏：
培养孩子的独立能力

不当拐杖当向导

王培和她的儿子在看电视。电视里正在播放一个动画节目：一只母鸡带着一群小鸡来到了野外，然后开始给每只小鸡安排任务。直到每只小鸡都圆满完成了任务，一轮游戏就结束了，然后母鸡带着小鸡回家。

很简单的故事，但4岁的儿子看得津津有味，还用乞求的目光看着王培，想要玩游戏的心情溢于言表。

于是王培和儿子开始投入到游戏中，妈妈扮演母鸡，儿子扮演小鸡。母鸡咯咯叫着给小鸡分配任务：给阳台上的花浇水，整理玩具，帮洋娃娃穿衣服，在纸上画一只兔子，等等。接着，王培和儿子互换了游戏身份，她来扮演小鸡，而由儿子来扮演母鸡。儿子给她分配的任务，都是妈妈常做的家务活，比如拖地，整理沙发，整理书架，做饭，等等。

王培发现，儿子特别喜欢这个游戏，有时候还和爸爸一起玩。甚至别出心裁，设想出其他的情景，比如爸爸应酬回来累了，妈妈生病了等。这个时候，儿子就会特别体贴地照顾他们。这些游戏在很大程度上锻炼了孩子的自立和自理能力。这种特别的情绪体验，既让孩子感受到父母对他的爱和关怀，也让孩子产生了一种情感回报，想要对父母更好一点。

担心孩子独立能力不足，以后无法应对繁杂的学习、工作和人际关系，这是所有父母的心结。但是孩子的独立能力不是天生的，如果父母能够给予正面的引导，让孩子慢慢学会自己处理一些力所能及的事情，孩子的自立能力是能够得到有效提高的。衣来伸手、饭来张口的"小皇帝"，其实都是父母制造出来的。

然而，不少父母把原因归结为"独生子女"，认为孩子缺少独立能力，是独生子女的"先天不足"。独生子女一般衣食无忧，不会像他们的父辈那样经历诸多磨难。父母们有没有思考过，孩子在溺爱的环境中成长，他们能有很好的独立能力吗？任何一个孩子在后天的社会化过程中，是由于受父母的教育和环境的影响，才形成了不同的情商，这完全是后天塑造的结果。

孩子没有自理能力和独立性，显得长不大，与家长的教育方式有很大的关系。过分保护的教育方式是独生子女独立性品质的最大障碍。过分保护型家庭的孩子大多数独立性较差。在家长"周到"的服务和"严密"的保护中，孩子的自主行为大大减少，对家长的依赖性越来越强。

现在越来越多"高分低能"的孩子的出现，也说明了这个道理。因为从小父母缺乏对孩子"独立性"的培养，造成了孩子的"无能"。很多孩子从小在班上成绩名列前茅，但是习惯于一个人独来独往，从不去操场打篮球、踢足球，在学校里也没有几个好朋友。即使上了大学，他们的自立自理能力也让人担心——被褥凌乱不堪，几十双脏袜子塞在床角，实在撑不下去了，就让父母来整理收拾。这样的孩子，即使考上了研究生、博士，在社会上也无法很好地生存下去，因为他的自立能力太差了，搞不好人际关系。这种低情商的表现，让他很难在社会中立足，最终被埋没、淘汰。

为什么会出现这样的结局？如今的孩子绝大多数是独生子女，在家庭中，由于是"独生"，孩子没有竞争和合作的伙伴。在许多情况下，孩子与成年人的关系都是不平等的。一些家长没有把孩子当做一个独立的社会成员，而是大人的附属物。所以孩子在与同龄伙伴交往中便表现出"以我为中心"的倾向，或者"人云亦云"的性格。他们不会与小伙伴和睦相处，不知道如何独立处理遇到的各种问题。

要培养孩子的独立性，需要有适宜其生长的环境和适当的教育。家长的责任是为孩子创造各种独立做事的条件，不当拐杖当向导，帮助孩子强化自我意识，激发孩子的主观能动性。为此，家长应该多创造孩子喜欢的游戏，从小在游戏中培养孩子的自立能力。

分配任务游戏对于提高和完善孩子的自立能力，有非常显著的效果。正如前文中的例子一样，孩子在分配任务游戏中会明确自己的任务，同时也会力争扮演好自己的角色。分配任务游戏还有条件简单、容易进入、假想性强、趣味性强等诸多特点。父母可以把很多情景移植到游戏中，让孩子非常顺利地接触和掌握多种技能，使他的自立能力得到迅速提高。在分配任务游戏中，父母也能更好地扮演引导人的角色，不着痕迹、不受排斥地让孩子接受自己选定的教程。

随着孩子的逐渐成长，分配任务游戏可以随之提高难度。比如从简单的生活技能，到较为复杂的人际交往技能等，都可以逐步植入游戏中。如果父母能陪孩子玩好分配任务游戏，那么你的孩子将会收到一份最好的礼物。因为分配任务游戏经常伴随着角色互换行为，孩子可以从多角度审视自己和他人，而且还能设身处地地为他人着想。

我们知道，教孩子自己吃饭、洗澡、穿衣，是个既单调又责任重大的过程，因为这需要父母有足够的耐心。与大人代替孩子完成这些事相比，孩子独立完成这些显然是更费时费力。但前者是一个"教育者"应该做的，后者则是一个"仆人"的工作。虽然后者对家长来说要简单许多，但对孩子是相当不利的，因为它在孩子情商发展的道路上设置了障碍。

父母应该尽量给孩子创造独立学习和做事的机会，鼓励孩子，帮助他建立自信。比如，一般4岁的孩子就能够自己整理床铺了，而且十分乐意。如果这时妈妈说"噢，全被你弄乱了"，那对孩子就是很严重的打击。孩子有去做这些事的想法就很好了，父母当然不应该采取批评的态度。父母可以试着这么说："试试看，妈妈/爸爸相信你能行！"在不断重复的过程中，孩子就会逐渐明白并完善自身的独立能力。

教育孩子自立并不是亲子教育中可有可无的小事。自立能力之所以被放在众多能力之首，主要是因为学习自立是人成长过程中最重要的环节。有了自立能力的人，才懂得独立思考，在遇到问题的时候做出自己的选择；才能够具有创造精神，做出与众不同的事情。自立者强，自强者脚下必有路。由此可见，自立能力对孩子的一生都有影响。

开展值班家长游戏

父母应该做孩子的导师，而不是"仆人"，应该帮助孩子在自立的道路上前进。我们要教会他如何独立地完成一件事，哪怕是阶段性的。我们应在孩子希望实现自己的愿望和目标时给他恰到好处的帮助，而不要一手包办。孩子每天都在成长，将来势必会拥有自己独立的世界，因此，我们要根据孩子的成长阶段的不同给予相应的游戏，寓教于乐，让孩子逐渐掌握自立能力，为独立做好准备。

心理学家告诉我们，想要修正这种关系，最好的解决方法是，父母和孩子一起玩一个叫作"值班家长"的游戏，让孩子每周末做一天小家长。

"值班家长"有三项任务：第一，打扫家里的卫生，比如拖地、洗碗、整理物品等；第二，安排周末这一天三餐的伙食，具体操作由父母去做；第三，安排家人一天的"外事"活动，可外出游玩也可走亲访友。规则就是：所有这些都让"值班家长"自己做决定，父母不能干预，只能在一旁提建议。

第一次玩这个游戏的时候，很多孩子肯定会畏畏缩缩，做决定的时候总是寻求父母的帮助。这时爸爸妈妈要遵守游戏规则，让孩子自己做决定。遇到困难时，父母再给孩子提供帮助，而不是一手包办。熟悉之后，孩子很快就会进入游戏状态。他们会变得更有主见，更有责任心，自控能力也会加强。这种变化是翻天覆地的，往往会让父母目瞪口呆。

许多孩子都希望自己快快长大，因为他们迫不及待地想要体验单独处理事情的成就感。在家庭这个乐园中，父母要适时地培养孩子自己做主的能力。一个人只有拥有主见和判断力，才不会被身边的诱惑和杂念所左右。父母在孩子面临选择的时候，一定要尊重孩子的看法，适当加以引导，而不能对孩子的看法轻易予以否定，更不能对孩子的选择横加干涉。

父母关爱孩子是人之常情，但给孩子的爱并非越多越好。这种爱不能太过分。许多父母，可能是由于太爱自己的孩子，始终把孩子看作自己的"私有财产"，以自己的主观意愿为准则教育孩子。他们常常忽视孩子的意见，事事替孩子做选择。这样做，严重打击了孩子的探索精神和主动性。将来孩子不但不能成才，反而会变成一个没有主观意识、没有责任感的人。换言之，他们成了父母主观意愿的牺牲品，情商极低，无法在社会上生存、立足。

当孩子处于自我意识逐渐形成，逆反心理越来越严重的年龄阶段，他们是希望自己能够自主地做决定的。这时候，父母就应该试着放手让孩子学会自己做主。他们需要帮忙的时候，自然会来寻求父母的帮助。而父母要做的，是给孩子提供一些必要的条件，对孩子的兴趣爱好给予点拨和指导。

孩子将来的路不同于父母曾经走过的路，他们必须自己走完人生路，因此，父母应该放开手，让孩子自己去规划人生，同时用自己的人生经验帮孩子分析问题，并给出适当的建议和指导。

人生的意义在于开拓，如果父母不给孩子从小锻炼自己的机会，孩子就很难对自己的能力有一个准确的定位，他们的情商发展也会差强人意。

经常试着让孩子自己做出判断和决定，有助于培养孩子对事物的认知和判断方面的情商和智商。在孩子做家庭小主人的时候，父母应给予积极的鼓励和中肯的建议，引导孩子做出一些可行的决定和选择。

父母要牢记："生命的价值在于选择。"孩子总会长大，总会有自主意识，总会有自己做决定的需求。如果孩子的这种需求长期不被满足，自主意识就会被压制，自信心就会受到打击。这样很可能会导致孩子产生消极的自我评价，并长期跟随着他。待孩子长大以后，这种消极的自我评价可能会导致他缺乏判断力和选择能力，缺乏责任感，缺乏主见。到那时，再想培养他自己做主的能力就难上加难了。

在被孩子弄得心烦意乱、疲惫不堪时，问问自己："我能不能平静地说话而不是吼叫，以帮助孩子学会控制自己的情绪和行为？"

第四节 "抵制诱惑"游戏：培养孩子的自控能力

适时插入糖果游戏

20世纪60年代，一位美国心理学家曾做过一个糖果试验：他将一群孩子留在房间里，给他们每人发了一颗糖果，然后告诉他们："我有事要出去一会儿，你们可以现在就吃掉糖果，也可以等我回来后再吃。如果谁能坚持到我回来的时候再吃，他就能够再得到一颗糖果作为奖励。"

有些孩子抵制不住诱惑，在心理学家走后就迫不及待地吃掉了糖果。有些孩子则一直等到心理学家回来，尽管等待的时间非常漫长，他们饱受煎熬。等心理学家回到房间，坚持到最后的孩子如愿以偿，又得到一颗糖果。

试验后，研究人员又进行了长达十几年的追踪调查。结果发现，两种孩子后来的成绩和成就有非常明显的差别。

在这些孩子中学毕业时，研究人员进行了一次评估，发现当时能够耐心等待的孩子在校表现更为优异，他们比迫不及待吃掉糖果的孩子的平均成绩多出 200 多分。后来，当这些孩子大学毕业，走上了社会，研究人员又进行了一次评估。结果仍然是，当时能够耐心等待的孩子在事业上表现得更为出色。

当然，小小的糖果试验并不能完全准确地预测孩子未来的能力和成就。人的能力和成就受到很多因素的影响，例外是存在的，但现在我们讨论的是一般的情形。糖果试验虽小，但是反映了人在童年时期的自控能力，这种能力会随着成长慢慢演变为他情感和社会能力的一部分，最终对情商指数产生不小的影响。

自我控制能力（简称自控能力）是自我意识的重要成分。它是个人对自身的心理和行为的主动掌握，是个体自觉地选择目标，在没有外界监督的情况下，适当地控制、调节自己的行为，抑制冲动，抵制诱惑，延迟满足，坚持不懈地保证目标实现的一种综合能力。自控能力表现在认知、情感、行为等多个方面。

因为年龄问题，孩子的自控能力普遍不足，这是不容置疑的事实。如果因此认为"孩子年龄小，定力不足"是无法改变的，就大错特错了。孩子自控能力虽然比不上成人，但不代表他们就没有自控能力，或者他们就不需要自控能力，也不代表他们的自控能力就无法提高。

事实上，每个人都有自控能力。例如对身体和情绪的控制，是时时刻刻都在发生的，否则我们走路就会摔倒，我们也会歇斯底里地大喊大叫。之所以没有出现这样的情况，就是因为我们有自控能力。孩子在无意识的时候（从出生到 6 个月大），动不动就会哭闹，让父母疲惫不堪。但是再大一点，这种情况就逐渐减少，因为孩子的自我意识出现了，他也在学着自我控制，并且做得非常棒。

随着和外界更广泛、更深入的接触，比如上学、认识更多的人、经历更多的事等，这种自发的自我控制就不足以应付了。孩子需要学着自觉地控制自己，特别是控制自己的情绪，这是情商的重要组成部分。自我控制能力不强的人，情商普遍不够成熟。孩子身上出现的很多让父母恼火的问题，都是自控能力不足带来的。例如咬手指、咂嘴的习惯，还有多动症，以及注意力难以集中等。每个孩子身上或多或少存在类似的问题，父母或者熟视无睹，或者尽管着急但没有把这些和自控能力联系起来。这是父母们情商教育的失败。如果孩子能够及时得到引导，这些问题根本就不会出现。在生活中，父母们应该给孩子安排更多的"糖果游戏"，当孩子出现容易疲倦、气馁和抵制不住诱惑等情形时，就要给他们插入这种抵制诱惑的小游戏。

或许有的父母会发出疑问：在孩子的成长过程中，不是不能轻易启动奖励机制的吗？如果孩子考了个 100 分，就给他 200 元的奖励，这种刺激和我们说的奖励存在很大不同。当孩子战胜了性格缺陷，比如战胜了恐惧或者是抵制住了诱惑，适当的奖励是应该的而且是必需的。要知道，当孩子掌握了自控能力，老天给他的奖励是整个世界。

对于父母来说，培养孩子自控能力的游戏，需要从小就开始做。一般而言，一个人的自控能力很大程度上取决于小时候的培养和塑造，所以孩童时候自控力的培养直接决定了孩子以后的性格。由于孩子的心理不成熟，任性是难免的，这时候父母就要通过孩子不会排斥的生活小游戏，培养孩子的自控能力。

培养孩子的自控能力很不容易，父母需要更多的耐心，实际上这也是最考验父母情商的一个问题。在游戏中，父母可能需要反复帮助孩子培养巩固自控能力。而孩子很可能经常忘了自己的承诺，很容易惹父母生气。这个时候，父母能不能控制住自己的情绪就很重要。情绪控制是自我控制能力最主要的体现，如果父母在游戏中都做不到自控，那么孩子当然会给自己找借口了。

优秀的父母会常常提醒自己："我应该把自己树立成一个有自制力的榜样。"在被孩子弄得心烦意乱、疲惫不堪的时候，他们会问自己："我能不能平静地说话而不是吼叫，以帮助孩子学会控制自己的情绪和行为？"可见，父母帮助孩子增加自控能力、抵制诱惑是一项重要而又艰巨的任务。父母们应该拿出自己全部的爱心和耐心，才能让孩子拥有良好的自控能力！

正确引导，提升孩子的自我控制能力

常有家长抱怨自己的孩子一不如意就乱发脾气、不喜欢遵守规则、碰到困难就轻言放弃等，这大多是由孩子缺乏自控能力引起的。是否具有良好的自控能力，直接关系到孩子的学习、生活、社会交往，以及其良好个性的形成，因此培养孩子的自我控制能力是很有必要的。

自我控制能力并非生来就有，它是孩子在后天的环境中，随着认知的发展和教育的影响而不断形成和发展起来的。培养孩子这种素质，能使他们在受到外界限制的情况下，克服困难、排除干扰，采取某种方式控制自己的行为。

值得注意的是，帮助婴儿进行自我安抚是自我控制能力发展的第一步。所有的婴儿都在出生后就开始表现出一些自我安抚的技巧，如吮吸手指、打哈欠等。研究显示，自我安抚能力对婴儿以后独立能力的培养非常关键。父母可通过拥抱、抱在怀里摇晃、轻声哼唱歌曲、亲吻等行为来帮助自己的宝宝进行自我安抚。

那么，对于年龄稍大一点的孩子，我们又该如何引导呢？我们来看关于东东的例子。

东东喜欢旅游，学会上网后，更是迷上了旅游网。他常常会对一张照片或者一篇文字赞不绝口。父母适时地会鼓励他："下次出去玩的时候，看看我们能不能也拍出这样的照片，写出这样的文字。"网络浏览虽然不是实地旅游，但还是对东东的审美趣味起到了积极的影响，所以父母也鼓励他上网了解旅游的信息。

有一次，东东看到网友贴出了北京周边地区自驾游的照片后，非常感兴趣，他强烈要求父母开车带着一家人畅游北京周边地区。妈妈给东东出了个难题：因为他们都不知道什么叫作自驾游，不知道该怎么准备，也担心会不会出现意外情况，所以要求东东先把这些跟爸爸妈妈说清楚。

为了促使父母答应这次外出，东东许诺他会利用互联网详细了解自驾游的准备和注意事项。接下来的一个星期，东东积极搜索，还在百度知道里面提问，收到了很多热心"驴友"的建议。很快，东东就整理出了一份"自驾游必备手册"，并给父母的邮箱里发了邮件。

见到东东这么热情，父母答应了自驾游。但是他们又提出了要求：由于他们工作忙，东东必须独立完成采购任务。东东也满口答应了。终于，在狮子座流星雨光临地球的那天晚上，一家三口开着车来到十渡风景区。他们要在这里安营扎寨，观赏百年难遇的流星雨奇观。

　　东东的准备很周详，有牛肉干、面包、牛奶，还有手电筒、望远镜和帐篷。不过他还是忘了一件事，那就是山区昼夜温差大。到了晚上十一点多，已经很寒冷了，他却忘了准备御寒的衣服。三个人实在扛不住了，只能坐回车里。可是流星雨要到凌晨才会出现，而在车里看流星雨的角度肯定不好。

　　正在东东懊恼的时候，爸爸像是突然想起来什么似的，说车子后备厢里有衣服。那是落在奶奶家，前几天爸爸顺道取回来的。看到像变魔术一样出现的外套，甚至还有保暖内衣的时候，东东羞愧了。他觉得自己太大意了，做事也没有条理。他当然知道，在他准备的时候，爸爸妈妈也没有闲着，衣服肯定是他们事先就准备好的。他们用实际行动给东东上了重要的一课，东东觉得这比流星雨重要多了。

　　父母的引导式教育让东东非但没有沉迷于网络，兴趣爱好还得到了充分的发展。东东独立完成采购任务，安排自驾游事宜，做了很周详的准备。在这个过程中，冬冬的责任心和自我协调控制能力得到很好的锻炼。 父母给他上了一堂生动的实践课。

很多情况下，给孩子带来最多打击的往往不是失败本身，而是他对失败的理解。

第五节 "跌倒爬起"游戏：培养孩子的抗挫折能力

不要一心保护和赞美孩子

多米有次去叔叔家，跟别的小朋友一起玩飞行棋游戏，很快就喜欢上了。她在家里也常常和爸爸妈妈一起玩。这天，多米又开始和爸爸妈妈一起玩飞行棋。第一次爸爸赢了，第二次妈妈赢了。等到第三次的时候，不服输的多米好不容易走到前面却一下子被拉下来。多米眼泪都掉下来了，开始一边哭闹一边撒娇。爸爸妈妈却装作没听见，都不去哄她。

这时妈妈掷出了一个点，正好接受惩罚，要退回起点。妈妈把色子递给多米，微笑着说："多米不错嘛，妈妈落在你后面了！"多米一看棋盘，果然是那样的。于是她不再哭闹了，似乎有了点信心。她接过色子继续玩，一下子就超过了爸爸妈妈好多。眼看多米就要赢了，没想到又受惩罚，掉到了爸爸妈妈后面，不过这次她没哭也没闹。几个来回后，多米每次落在父母后面时都没有退缩，更没有哭闹。最后她终于赢了，那个兴奋劲儿啊，比妈妈给她买了一件新衣服还要高兴。

如果一个中国孩子打翻了牛奶，父母很可能会马上跑过去，把孩子抱到一边，说："宝贝，有没有烫到手？"有些父母甚至会说："都怪这杯子，这么滑，让宝宝抓不住，妈妈把这杯子扔掉，宝宝不哭！"于是，孩子不哭了。

而如果一个美国孩子打翻了牛奶，父母不会跑过去抱孩子，而是微笑着对孩子说："宝贝，过来，先到厨房拿块海绵，我们一起把牛奶擦干净好吗？"然后，父母会和孩子一起去收拾打翻的牛奶，还会告诉孩子应该怎样去端杯子，避免杯子滑落。

结果是，美国的孩子总是乐观地面对困难，积极地寻找各种方法去解决困难；而中国的孩子遇到困难时多会消极逃避，有些孩子甚至把责任推给父母。中国的父母看似帮助孩子解决了困难，其实，当孩子再次遇到相同的问题时，这个困难仍然会出现。父母的全方位保护和包办代替给孩子留下了终身的"残疾"，即能力的残疾、心理的残疾。由于这样的孩子一直生活在父母的"保护伞"下，尽情享受着父母的照顾，所以当困难来临时，只会躲在父母的怀抱中，不敢独自去面对。

父母要明白，他们不可能为孩子一生遮风挡雨，而温室里的花朵经不住风雨。任何一个人都不可能一直顺风顺水，当遇到挫折的时候能够顶住压力，才是更为重要的生存能力。

心理学上将这种能力称为"逆境情商"，也就是抗挫折能力。简单地说，就是当面对逆境或挫折时，不同的人做出不同反应。这种反应的能力，就叫逆境情商（挫折情商）。它只有定性，没有量化的指标。高逆境情商的人在面对逆境时，始终保持上进心，从不退缩，他们会把逆境当作激励自己前进的推动力，发挥最大的潜能，克服种种困难，获得成功。而逆境情商低的人，一旦遇到挫折就会消沉逃避，很难克服困难。即使他们一时取得了不错的成就，一次挫折也很有可能让他们一败涂地。

例子中的多米和其他孩子一样，心理承受能力差。很多父母认为，这么小的孩子应该处处加以保护。当孩子遇到一点困难、一点挫折，父母就会马上去哄，去帮孩子代劳。这样很容易使得孩子在遇到困难或失败时就退缩不前。正确的办法应该是鼓励孩子，让孩子在挫折中磨炼自己的意志，提高自己的适应能力。很多情况下，给孩子带来最多打击的往往不是失败本身，而是他对失败的理解。

挫折可以成为人生的老师。它使人尝到世态炎凉的苦涩，也迫使人对世界和自己做出认真的探究和反省。人往往是受挫一次，对人生的领悟便增添一层。然而，凡事皆有度，挫折太多太大，也可能会使人彻底绝望，从此一蹶不振。培养孩子的抗挫折能力，家长也不要走入"挫折越多越有利于孩子成长"的误区，而是要根据孩子的年龄和心理特点，有的放矢地进行。

甘地夫人是一位非常出色的女性。作为领袖，她对印度有着杰出的贡献；作为母亲，她是孩子心中最好的导师。

有一次，甘地夫人的儿子拉吉夫因病要做手术，医生建议用"善意的谎言"来安慰孩子，让他消除畏惧心理。甘地夫人认为，孩子应该知道他要面对的手术，应该勇敢地承受这一切。甘地夫人说："生活中有幸福，也有坎坷，所有做父母的都很愿意为儿女分担痛苦。但教育的目的是培养孩子健全的个性，使他们以后能够从容不迫地适应生活中的各种变化。父母对孩子真正的爱并不是迁就孩子，让他们随心所欲，而是随时约束和教育他们，帮助他们提高自我克制的能力，加强对他们品行的培养。"让孩子直面生活，端正面对失败的态度，这就是挫折教育。

想很好地培养孩子的逆境情商，首先父母要做的就是不要一心保护孩子和一味地赞美孩子。在生活中，很多小游戏都能培养孩子的逆境情商。在游戏中，父母要明白自己的角色，孩子自己能做的事尽量让孩子自己做。即使遇到挫折，父母也不要代劳。

学会倾听孩子的苦衷

当孩子在游戏中遇到挫折的时候，父母不应急着伸出手去。当然，也不是什么都不做，父母应该张开耳朵倾听孩子的苦衷。即使是在游戏中，孩子遇到挫折、感觉到委屈的时候，也希望能向父母倾诉。这时如果父母不理睬，会让孩子的压力越来越大，游戏的目的就达不到了。父母要学会在游戏中倾听自己的孩子，及时释放他们的情绪，让他们早一点摆脱挫折的困扰，提升他们的逆境情商。

如今的孩子大多是父母含在嘴里、捧在手心呵护大的，逆境情商很低，抗挫折能力极差。父母不愿意孩子遭受挫折和委屈，以至于孩子像温室里长大的草莓一样，徒有美丽的外表，但稍微受力就变得稀里哗啦，模样全变了。然而，如果孩子幼时没有培养良好的抗压能力，长大了就会在竞争中处于劣势地位，很难成为坚强而有毅力的人。

"挫折对于孩子来说未必是件坏事，关键在于他对待挫折的态度。"明智的父母应该从小就对孩子进行逆境情商的培养，让孩子从小就"吃点苦"。

当然，挫折教育并不仅仅是让孩子吃点苦，挫折教育的目的是让孩子在体验中学会面对困难并战胜挫折，建立自信、乐观的品质，培养耐挫折能力。在游戏中，孩子会有不断尝试的兴趣和坚持到底的好胜心，这让他们更容易保持积极乐观的心态，也就更容易战胜挫折。总而言之，游戏是锻炼孩子抗挫折能力的最佳途径。

父母要鼓励孩子相信自己有力量和能力去实现所追求的目标。连自己都不敢相信的孩子，在根本上就失去了和别人竞争的能力。

第六节 "一起做"游戏：培养孩子的团队合作能力

引导孩子的良性竞争意识

小杰所在的小区有一个很大的游泳馆。通常周末的时候，小杰的妈妈会带他去游泳，因此小杰认识了小区里的很多小朋友。平时放学回来，小杰也会跟他们一起在楼下的花园里玩。可是，小杰的妈妈发现，每次游泳回来，小杰都显得不太高兴。问其原因，原来是小杰游泳的技术太差，游不过别的小朋友。

妈妈知道，这样下去小杰会越来越自卑，以后还有可能放弃跟其他小朋友玩耍的机会。于是，妈妈向游泳馆的教练提议组织一场游泳接力比赛。小杰和其他两位技术比较好的小朋友分在一组，另外三个被分在另一组。游戏规则是每人在儿童区游一段，一共三段，哪一组先完成就算胜利。然而最后小杰那组输了。小杰很不高兴，因为其他两位小朋友游得都很好，他们埋怨小杰拖了后腿。

妈妈告诉小杰，其实只要努力，小杰的游泳技术也会和其他人一样好。从此，妈妈每天回来都带小杰去游泳。小杰在教练的训练下，很刻苦，也很努力，并为周末的下一次游泳比赛攒劲。

到了周末，小杰那组完胜。这使得小杰信心十足，整个人比以前开朗了很多。在后来的比赛中，小杰也有输的时候，但他再也没有抱怨过。在父母的教导下，小杰不仅增强了竞争意识，努力提高了自己的技能，还逐渐增强了团队协作意识。有一次，一个队员因为身体不适，小杰还替代他挑起了主将的责任。比赛中他奋力拼搏，最终战胜了对手。这时的他已经明白，团队比赛从来就不是一个人的事情，要互相协作才能成功。

与此同时，小杰的交际情商也有了很大的提高。每次小杰在学校的团体活动中都能担任队长，比如拔河比赛、接力赛跑等。虽然他的技能不是最好的，但是老师看中了他的协作能力和领导团队的才能，因此每次都选他担任队长。

当今社会是一个不断发展变化的社会，经济形势在变，思想观念在变，人的生活方式也在变。但无论社会如何变化，有一点是不会变的：将来的社会是一个充满竞争的社会，同时也是一个在合作中求生存的社会。要使孩子将来成为社会的主人，应该有意识地引导孩子树立一种竞争与合作的意识，积极支持与鼓励孩子参加一些团体活动或玩一些团队游戏，让孩子在游戏中体验竞争和团队合作的重要性。

在团队游戏中，父母首先要鼓励孩子相信自己有力量和能力去实现所追求的目标。相信自我，本身就是一种"自我竞争意识"。连自己都不敢相信的孩子，在根本上就失去了和别人竞争的能力，他必定不会朝气蓬勃、乐观向上，甚至做任何事情都体验不到"把握感"和"成就感"。另外，孩子的兴趣和才能是多方面的，要注意发挥孩子的长处，挖掘孩子的潜能，这样才能增加成功的机会，减少挫折。当然，有竞争就会有胜负。即使处于劣势时，也要让孩子保持积极进取的态度，而不要采取贬低对方的方式让孩子获得优势，更不要贬低孩子让他就此一蹶不振。

虽然团体游戏中良性竞争很重要，但是团队协作精神也不能忽视。现在的孩子有很强烈的"自我意识"。如果这种"自我意识"不断内化，很可能会形成自私、固执等不良个性，而这些将成为他们成长的绊脚石，影响其发展成熟。

通过团体游戏激发孩子合作协商的意识，他们就会表现出互相配合与积极协商的态度。游戏一旦获胜，他们就能充分体验到合作带来的成功感和乐趣，也会进一步激发他们合作的积极性与良性竞争的意识。心理学家认为：假使一个儿童未曾学会合作之道，他必定会走向孤僻之途，并产生牢固的自卑情绪，严重影响他一生的发展。可见，孩子学会团体合作是多么重要。

团体协作能力是孩子在未来适应社会、立足社会不可缺少的重要因素。然而，当今孩子的合作能力是不容乐观的。现在的孩子多数是独生子女，是家里的"小皇帝"，被一家两代甚至是三代人宠着。过度的呵护与溺爱，让很多孩子做事往往以自我为中心，缺乏团结协作的精神。这都是现在孩子心理素质上的弱点。通过团体游戏提升孩子的交际情商、竞争意识以及团体协作能力，则能够改变和矫正这种不良的心理素质，最终使孩子很好地走向社会大团体。

孩子的团队协作能力可以通过团体游戏来提升。父母在帮助孩子进行团体游戏训练的时候，也不要忘记提升他的良性竞争意识。因为今天的社会是一个充满竞争的社会，我们以及我们的下一代，在未来社会中将面临更加激烈的竞争与挑战，因此，从小培养孩子的良性竞争意识十分必要。

良性竞争能够推动双方的共同进步，而与良性竞争相对的是恶性竞争。在恶性竞争时，竞争者往往怀着一种"羡慕嫉妒恨"的心态，恨不得将对方彻底打败。因为竞争时带着这种不良情绪，恶性竞争者往往会使用非常规的竞争手段，甚至做出违背道德法律的过激行为，最终只能是害人害己。我们提倡培养孩子的良性竞争意识，绝不能让孩子产生恶性竞争意识。

父母要做好后勤工作，但不干扰孩子的游戏

孩子的团体游戏虽然不像大人聚会那样声势浩大，但由于孩子缺乏成熟的交往经验，在很多方面不会考虑得很周全，所以容易发生矛盾。若大人不及时给予帮助和引导，很可能会使场面失控。

有时候父母的后勤工作是游戏能否成功进行的一个重要因素。父母要为游戏做好准备工作和收拾"残局"，还要在游戏过程中及时帮忙解决问题。解决游戏中孩子之间的矛盾，是父母后勤工作的一个关键点。因为矛盾是人际交往中最常见、最重要的一种关系状态，所以孩子学会了处理矛盾，就学会了人际交往的精髓。与此同时，矛盾是锻炼孩子交际的最好机会，父母应该尽量让孩子自己去解决矛盾，同时加以引导，防止矛盾激化。

当孩子玩游戏或跟同龄人交往时，遇到矛盾与问题，应该让孩子迎着问题去主动交涉。打架、吵架是孩子在交往中不可避免的问题。父母不能以自身的好恶和道德观来判断孩子之间的是非对错，更切忌以"不吃亏"教育孩子，甚至强行干涉孩子，不让他们碰面交往。

当孩子在游戏中产生矛盾时，父母不要大惊小怪，而应引导孩子正确认识交往中的各种矛盾，让孩子学会独自去面对交往上的小问题。父母可以教给孩子一些正确的交往方法，如分享、交换、协商、合作等，让孩子学着自己解决问题。另外，父母应该适时公正地加以引导，培养孩子勇于改错、宽容、互助的精神。这些都能帮助孩子巩固友情，扩大交际圈。

虽说父母要做好孩子游戏的后勤工作，需要时刻密切注意孩子的举动，预备非常情况的解决方案，但是大多数时候，父母也应该学会不要干扰孩子的游戏和交往。父母做好后勤工作的目的，是为了让孩子更好地玩游戏和交往，并在这个过程中提高交际能力。如果对孩子太过干涉，反而会阻碍孩子们的玩耍。比如孩子在玩耍时，父母会趁机在一旁谈论一些事情。这是绝对不允许的，因为成人的言谈会干扰孩子的自主游戏。父母要学会适时保持安静，以免成年人的喋喋不休对孩子产生干扰，破坏孩子想象力的发挥，影响游戏的精彩程度。

在带孩子拜访亲朋时，一定要让孩子参与进来。
不要让他觉得这是大人的事，和自己无关。

第七节 "小主人与小客人"游戏：培养孩子的沟通与交际能力

做好小主人和小客人

在做小主人方面，5岁的小蔡很让妈妈头疼。因为每次楼下王阿姨带着她家的晨晨来玩时，小蔡总会把玩具、糖果看得紧紧的，一点都不能让晨晨碰。如果妈妈强行把东西分给晨晨，小蔡就会又哭又闹，让大人很是尴尬。

于是，爸爸想到了一个游戏。在游戏中，小蔡当小客人，妈妈当小主人。妈妈特意准备了一款小蔡很想要的玩具，当他想玩时，妈妈拒绝了他，并强调这是妈妈的玩具。小蔡一连被拒绝了三次，有点生气，不理妈妈了。

这时，妈妈跟他说："平时家里有小客人时，你都不肯借玩具给他们玩，他们也会很伤心难过。要是你愿意借给他们，大家一起分享不是很好吗？"小蔡意识到了自己以前的错误，马上去把他心爱的泰迪熊拿来，放到妈妈手里，妈妈也很愉快地把新玩具借给他玩。

妈妈将小蔡培养成了合格的小主人。当晨晨再来玩时，小蔡已经很会招待小客人了。晨晨敲门时，小蔡微笑着请晨晨进门，并且为他递拖鞋。然后小蔡邀请晨晨坐下，拿果盘给晨晨吃，并把玩具拿来和他一起玩。晨晨走的时候，小蔡还会礼貌地说："再见，欢迎下次再来！"

家庭的礼尚往来，为孩子提供了最初的交往机会。做好小主人和小客人的游戏训练，既能增加孩子的社会经验，又能锻炼孩子人际交往的能力。

家里来了客人，往往是孩子最活跃的时候。有的孩子很爱表现，当着客人的面又是跳又是唱，有的父母会嫌孩子太活泼，影响大人。其实，孩子的天性不宜太过约束，应加以引导，教他文明玩耍，大大方方地做个礼貌待人的小主人。通过和客人的交流和互动，来增强孩子的交际能力。

但是对于父母来说，也应该注意，不是任何客人来，不管事情的缓急，都让孩子参加。要与孩子讲清楚，那些比较熟悉、有一定修养的客人来访时，孩子可以参与接待和交谈。要告诉孩子，待客时要热情、礼貌、文明，教会孩子怎样恰当称呼、迎送、交谈。父母允许孩子插话，但一般不要打断客人的话，也不要让孩子无休止地提问或缠住客人说话。遇到陌生人来访时，则要告诉孩子沉稳大方，不要紧张害羞，也不要过分亲热。孩子偶然有了失误，要及时开导，不要一味指责埋怨，让孩子在实践中不断进步。

许多孩子在做小主人的时候显得很"自私"和"小气"，不愿意和做客的小客人分享自己的玩具或食物。儿童心理学家告诉我们：儿童在

2 ～ 7 岁阶段，道德认识发展是直观的，是以自我为中心的，没有主观的责任感。这时期的孩子很少考虑别人，不能设身处地客观地看问题。

父母应该一点点地教育他懂得分享，不能任由孩子的自私天性发展下去。还有的孩子会因为父母对小客人格外"关照"而"吃醋"。父母应该认识到：孩子的"吃醋"行为是没有安全感的表现，这在幼儿阶段是很常见的。小孩的心理还没有发育成熟，对于大人的行为不能客观理智地分析，当他看见妈妈像对自己一样对待其他孩子时，就会误以为自己将要失去妈妈，从而感到失落和有危机感。对此，父母不必过分焦虑，因为随着孩子年龄的增长和活动范围的扩大，他们所面对的人际关系将日益复杂，自然会慢慢理解父母的行为并学会与人相处的。

当然，在家庭游戏中孩子不仅要学会做好小主人，还要做好小客人。父母要利用一切机会，努力让孩子更加适应成人世界，逐步帮助孩子扩大交往范围，发挥各种环境的教育作用，使孩子从中提高认识能力和交往能力。孩子在与各种不同的成人打交道的过程中，会渐渐形成待人处事应有的态度。

带孩子一起拜访亲朋好友，和带孩子参加一些社交活动稍有不同。社交活动的环境对孩子来说相对陌生，孩子面对的成人更多，也更容易产生社交恐惧感。因为拜访亲朋好友是在一个相对私密的环境中，参与的人数也不多，所以可以鼓励孩子有更多表现，这对增强孩子的自信和勇敢很有帮助。

在大型活动场所，很少有专门给孩子准备的游戏。在这样的场合，让孩子参与表演反而要更谨慎，因为这很容易让孩子形成爱出风头、爱慕虚荣的习惯。面对众多的赞美，孩子可能一时很难理性对待。如果父母也为了脸上有光，鼓励孩子表现自己，更容易助长孩子的虚荣心。

这很不利于孩子的成长。

但是在亲朋互访中，父母就无需有这样的担心。因为在另一个家庭环境中，孩子很容易像熟悉自己家一样熟悉起来，不至于紧张害怕。等熟悉了环境后，孩子就会找到"家"的感觉，这有助于孩子自如地表现。这个时候鼓励孩子在叔叔阿姨面前进行表演，更容易建立孩子的自信系统和勇敢精神。

父母要注意的是，在带着孩子拜访亲朋时，一定要让孩子参与到拜访活动中来，不要让孩子觉得这是大人们的事，和自己无关。如果孩子想不明白父母为什么要带着自己到别人家去做客，觉得在那里并不舒服，就会有糟糕的表现。比如没有耐心，哭闹着要回家，甚至有的"恶童"会故意打坏亲朋家的东西，让大家都感到尴尬。长此以往，孩子会显得没有礼貌，甚至显示出冷漠的征兆。

一场成功的亲朋好友之间的互访，需要父母做好"准备""引导"和"总结"的工作。

"准备"是在去拜访亲朋之前，让孩子有一个心理准备。比如向孩子介绍亲朋好友家的特色："有一架钢琴，你可以弹出优美动听的音符"；"有一个画室，你不想看看画家是怎么创作的吗"；"有年龄相仿的小朋友，你可以跟他一起玩游戏、看动画片"；或者"有一只漂亮的狗狗，你可以先看看阿姨发给妈妈的照片"。这样就能激发孩子的兴趣，让他发自内心地愿意去做客。

"引导"是让孩子掌握基本的社交礼仪，做一个干净体面的小客人。父母要让孩子掌握必要的文明用语，带孩子准时到达拜访地点，让孩子在拜访期间有耐心。最重要的是，让孩子准备自己的"拿手好戏"，这不仅能激发孩子的自信和勇敢，也会让成人感到快乐。

"总结"是在每次拜访过程中和结束后，父母要做个有心人，以便帮助孩子提高自己的情商。毕竟孩子还小，让他像成人一样在陌生的环境里不犯错是不可能的。如果打碎了花瓶或者和小朋友发生了争执，父母一定要分析原因，帮助孩子意识到所犯的错误，并在以后的拜访中克服自身缺陷。这对训练孩子的自控能力很有帮助。

总之，带领孩子参加亲朋好友的互访，是家庭亲子教育的有益补充。父母可以在这些活动中，给孩子安排表演节目，让他在拜访中找到自己的角色和兴趣，学会适当地展现自己，熟悉人际交往的更多方面。

父母也要学会给孩子独立的空间和自由。父母应相信孩子的能力，放手让他们做自己能做的事，还要有意识地去锻炼孩子。比如，请孩子去邻居家借把剪刀，让孩子给某个阿姨送本书。孩子实际练习的机会越多，以后与人交往便会越自然。另外，家长不要吝惜自己的时间，节假日时多带孩子串串门，让孩子多与人交往。这样持之以恒地进行下去，你一定会有惊喜的发现。

孩子在一起玩耍时，父母要指导孩子，小客人一定要尊重小主人的意见，要多用商量、征求的口吻，如："好不好？""可以吗？""我能玩一会儿吗？"并可根据自己孩子的个性特征重点强调一些要求。孩子平时争强好胜，事先就要告诉孩子与小伙伴玩时要谦和、忍让。有的孩子比较胆小，父母就要鼓励孩子不要害怕，如"大哥哥很喜欢你，我相信你会和他玩得很开心"。

总之，孩子的交际能力是孩子在成长中必须要训练的一部分，让孩子做小主人或小客人则是日常生活最简易和便捷的训练方式。作为父母，我们应该多给孩子提供交际机会，比如鼓励孩子带同学回家做客，并帮助孩子热心地招待小客人。如此既能提升孩子在同学中的形象，又能让孩子提高交际的技巧和能力。

通过做好小主人和小客人，孩子就能掌握最基本的社交技能，构建自己的交际圈，拥有自己的好朋友。这对孩子的发展是很有帮助的。

引导孩子的沟通欲

心理学家早就发现，8个月大的孩子就已经会受到梦境的影响了。他们在睡眠中会微笑，或者会突然哭起来，直到自己哭醒。其实孩子在妈妈肚子里时，就渴望与母亲和外界进行沟通了。他们通过踢母亲的肚皮，和母亲展开交流。这个时候，母亲会很兴奋地告诉父亲：“快来摸摸，小家伙又在动了。”

可是，当孩子出生后，随着孩子的慢慢成长，亲子之间的交流却出现了大问题。究其原因，父母一直在扮演“说”的角色，而孩子则扮演了“听”的角色。于是，父母尴尬地发现，孩子越来越不愿意跟自己沟通了。也许开始的时候他们以为孩子的性格就是如此，可是慢慢地他们发现孩子跟有的人很谈得来，也愿意向对方敞开心扉，畅谈自己的苦恼与喜悦。父母为此感到很困惑。

好多父母发牢骚：“孩子回家后什么都不跟我们讲！”“我们根本不知道他心里在想什么！”做父母的，从关爱角度出发，自然非常急于了解孩子的内心世界，但孩子不愿意向家长诉说自己的心里话。亲子关系冷漠，这不能不让父母心急。也许父母还记得，当孩子牙牙学语的时候，他是乐意跟自己说话的。而父母那时也会很有耐心地跟孩子说一些“傻话”，完全是根据孩子的兴趣和他聊天。为了培养孩子的语言能力，父母和孩子进行平等的对话。这些聊天通常是随机的、无意义的。父母乐此不疲，而孩子也兴趣盎然。

但是孩子懂事后，父母的言谈越发无趣起来。那种无意义的、随机的话题少了很多，代之以一些道德说教，"你应该怎样""你不应该怎样"，这些都是孩子不爱听的。因为父母三句不离这些内容，所以孩子越来越不愿意和父母聊天了。

父母应该像朋友一样和孩子交谈，和孩子一起高兴或生气。时间久了，孩子自然就会有和父母沟通的欲望。同时，父母不要动辄就下结论，把自己的观点强硬地灌输给孩子。如果这样，孩子会慢慢地失去与父母谈话的兴趣，从而影响亲子相互的沟通，最后孩子可能会拒绝与父母沟通。

亲子之间的沟通出现隔阂，关键还是父母出了问题。大家都知道亲子之间的交流应该遵循平等原则，但很多父母忽略甚至破坏了这一原则。比如说，父母希望孩子向自己说说学校的事情，但有没有想过自己为什么不向孩子说说自己一天的工作情况呢？如果父母觉得，大人的事情孩子不懂，那么孩子也会觉得，孩子的事情大人也是不懂的。

如果父母先把自己一天的工作生活讲给孩子听，慢慢地孩子也会试着向父母倾诉自己的经历和想法。这样的互相倾诉，能让父母和孩子之间增进了解，可以成为家庭沟通的保留节目。也许父母没有意识到，在讲述工作经历的同时，还能把一些为人处世的道理潜移默化地教给孩子。当然这个过程需要慢慢进行，父母千万别表现出太重的好奇心，别提太高的要求，否则就会打压掉孩子刚培养出的倾诉愿望。

父母应该从各个方面引导孩子向自己倾诉，让孩子从对自己无话可谈到无话不谈，激发孩子的沟通欲，促进和谐的亲子关系。

怎样培养孩子的交际能力

在人际交往中人们往往有一种倾向，即对与自己较为亲近的对象，会更加乐于接近，这就是亲和效应。亲和效应的主要含义是：在人际交往中，交往双方往往会因为彼此之间存在着某种共同之处而一见如故，这为双方的继续交往创造了有利条件。如果没有这种相似之处，那就很可能话不投机。在孩子与同龄人交往的过程中，这种亲和效应表现得更加明显。孩子的交往不像成人那样受交往动机的影响，他们更受好恶的影响。

很多父母只有一个孩子，过度溺爱的亲子关系很容易使孩子以自我为中心，缺乏必要的社交常识和礼仪。父母应该避免把自己的家庭变成一个不与外界接触的孤岛，应该多给孩子创造一些与其他成人接触的机会和条件，让孩子在与他人相处中讲究礼仪、应对得体。

孩子拥有亲和力，才会拥有好的人缘。那么，为人父母，该怎样培养孩子的亲和力呢？

首先，要教会孩子必要的文明礼貌和社交礼仪。

正如意大利社会公共关系学家皮里亚诺所说："社交礼仪关系到每一个人的形象塑造和人格展示。视而不见、置之不理都是最为轻率的人际交往态度。反之，善于发现和运用社交礼仪的每一个细节，才能顺应人与人交往的基本要求，才能给自己提供难能可贵的良机。"这就给现代父母的亲子教育提出了重要的要求：让自己的孩子更文明、更礼貌。

没有人会喜欢没有礼貌的孩子！生活中，很多孩子表现不佳，是因为他们没有掌握必要的社交礼仪方面的知识，甚至很粗俗。很多孩子在家表现很好，对来自己家里做客的客人恭敬有礼，但在公共场合，由于没有家长的约束，他们的表现就大失水准。比如穿戴过于随便，旁若无人地制造噪音，或者是撒娇哭闹等，让其他人侧目而视，让父母很尴尬。父母应以身作则，给孩子良好的熏陶濡染，在餐桌上、电话旁、会场等诸多情景中为孩子做好表率。

心理学家指出：交往能力是在与他人的接触中形成和发展起来的。如果缺乏和他人的充分互动，孩子的交往概念就很难形成，交往能力也就很难发展。父母应该为孩子创造条件、提供机会，让他们融入自己的成人世界，在和成人的交往中提高交际能力，因为实战经验比单纯的说教更为有效。

父母要经常利用机会对孩子进行教育。如电梯间的绅士行为，饭店里服务生的优良服务，父母都可以向孩子指出这些文明举止的重要性。此外，日常交往也是培养孩子礼仪的绝好机会，父母可以利用做客或者接待客人的机会培养孩子的礼仪。

对于孩子来说，最基础的文明礼仪的内容包括三方面，即注意仪表整洁，使用文明礼貌用语，掌握正确的体态语言。

保持仪表的整洁，是父母首先要让孩子养成的文明习惯。孩子穿着打扮要整洁，要讲究个人卫生。与人交往时要举止大方，千万不要出现随便剔牙、掏耳、挖鼻、打嗝等不良动作。让孩子使用文明礼貌用语，与人交往中使用"请、您好、再见、谢谢、对不起"。这十个字虽然简单，却集中了礼貌用语要表达的全部内涵，即对他人的尊重、关心、热情、谦让。此外，还要让孩子从小掌握一些正确的体态语言。正确的体态语言可以显示孩子良好的家庭教养和行为习惯，在交往过程中会让对方感到如沐春风。

其次，父母应当帮助孩子学会交友、分享，让他们成为受欢迎的孩子。有些父母往往按自己的意图为孩子选择朋友，限制孩子的自由交往。他们的用心是良苦的，可结果也是苦的。因为父母这种替代孩子思考与分析，甚至替代孩子去跟伙伴"算账"的做法，无疑是把自己的孩子推到被孤立的边缘，而且使孩子产生依赖心理。孩子觉得有父母做坚强的后盾，遇到什么样的问题都可以到父母身边，寻求他们的庇护。这十分不利于孩子和同龄伙伴的交往。

父母应该主动帮助孩子成为受欢迎的人。平时多观察孩子和同伴间的游戏活动，除了关注自己孩子的内心感受，还要多倾听伙伴们对自己孩子的评价。即便父母察觉到孩子表现出"老好人"或"和事佬"的行为，也不要斥责孩子"不中用"或"缺心眼"。要知道，"和事佬"角色是和平的化身，是促成伙伴间友谊的黏合剂，是化解伙伴间冲突的调和剂。

最后，不要随便在孩子面前诋毁他的朋友。父母要明白，即便自己很不喜欢他的朋友，或他朋友的家长，但尊重孩子的朋友很重要，尤其是他认可的朋友或他学习的楷模。做父母的要尽量与孩子一道分享他们的友谊，尽力与孩子伙伴的家长进行及时的沟通与交流，一起关注孩子们的成长。

年轻的父母一定要明确，孩提时期是人生历程中发展速度最快的时期。一个人情商发展的许多关键期都集中在这个时期，可以说是打基础的最重要阶段。可是，由于受到活动环境、社会文化、生活方式等众多因素影响，有些孩子的心理却出现了问题。他们孤僻、胆小，不愿意与其他小朋友一起玩耍，不喜欢与他人交往。在心理学上，这被称为"儿童社交退缩行为"。

具有以下性格特点的孩子容易出现社交退缩行为，父母们可以作为参考，看看自己的孩子是不是有这些症状:过于敏感，容易紧张害怕;性格内向，情绪不稳定，易焦虑；自卑感强，不自信。

　　消除孩子的社交退缩行为，最好的方式是游戏。角色扮演游戏可以让孩子体验一些生活情景，增加其交往经验。而有意带孩子参加一些成人聚会，其效果更胜于角色扮演游戏，会让孩子收获自信和勇气。

第三章 在游戏中
培养孩子的"三心二意"

　　所有的父母都希望自己的孩子优秀出众，能够自信满满、不冷漠、有责任心、知道感恩、做人坦诚，因为这些品质能为孩子的一生保驾护航。然而，孩子们很难理解这些品质的重要性，在他们的思维里，只有游戏才是最重要的正经事。因此，只有游戏能够协调双方的需求，寓教于乐，让父母和孩子都得到满足。孩子能得到游戏中的快乐，父母也帮孩子培养了必要的品质。

在游戏中给予孩子最大的信任、必要的指导和最低程度的帮助，这是培养孩子自信心的最佳方法。

第一节 "我是最棒的"游戏：
培养孩子的自信心

抓住关键期

6岁的小媛和妈妈在商场里走散了。妈妈正在着急的时候，突然商场广播里传来了寻人启事的声音："李岚小朋友，请到二楼播音部来，你妈妈正在这里等你。"妈妈开始没在意，等到第二遍的时候，才猛然醒悟过来：李岚不正是自己吗。于是她赶紧过去，找到了自己走散的女儿。

播音的工作人员拉住妈妈的手猛夸小媛："你这女儿真是聪明。当时我还担心这样能不能找到妈妈，她却自信地告诉我妈妈听到广播一定会来找自己的，而且这样坏人就不会冒名顶替把她带走了。孩子这么聪明自信，你是怎么做到的啊？"播音员阿姨一心要向小媛的妈妈取经，原来她的小孩才2岁，正是需要好好培养的年龄。

李岚跟播音员分享了自己的育儿经。原来，她在小媛很小的时候就会有意识地培养小媛的自信，比如通过和孩子玩躲猫猫游戏、积木游戏、发音游戏等。躲猫猫通过消失不见到再度出现，会让孩子理解事物的变化，为自己的发现而感到自信。在玩积木时，当孩子把各种形状的积木准确地放入积木箱的时候，就能感到兴奋和自豪。发音游戏既能让孩子练习说话，又能让孩子在不断感受到成就感的过程中建立自己的自信系统。

这样在各种小游戏中长大的孩子，很容易自信地处理他们可能遇到的突发事件。不仅对他们的成长帮助很大，也让父母对他们更为放心和自豪。

自信心，是一种相信自己，积极实现自我价值的心理倾向。在成功学中，自信心是基石。正如一句箴言所说："成就事业的人，只不过比别人多了一份自信和决心而已。"自信心是个人能力的催化剂，能充分调动人的潜能，让人获取更大的成功。对于父母来说，即使能给孩子留下比尔·盖茨式的亿万财富，也不如培育孩子的自信心。因为财富是容易消耗的，自信心却是打开未知宝藏的钥匙。

但凡取得非凡成就的人，首先都是自信的人，就是所谓的"大心脏"。有自信心的人相信自己完全有能力实现自己的人生目标，即使遭到困难和挫折，也不改初衷，勇往直前，直到实现自己的理想和目标。比尔·盖茨果断退学，巴菲特坚持自己的选择，马云执著追求自己的梦想，都是因为自信在其中发挥着巨大的作用。

其实在孩子的成长过程中，自信心的培养无处不在。甚至在母亲的肚子里，就可埋下自信的种子。我们强调胎教，是让婴儿在母胎里就体会到舒适的感觉，这也是一种成就感。孩子出生后，随着他慢慢长大，自信会逐步加固。当孩子迈出第一步，喊出第一声妈妈，自己学会穿袜子，能够完整地唱一首儿歌，我们都能从他的眼睛里看到自信的光芒。孩子正是在这样不断感受成就感的过程中，慢慢培育自信。

由此可见，自信心的高低强弱，受后天环境和教育的影响很大。作为孩子的启蒙老师和最主要的玩伴，父母对塑造孩子的自信发挥着举足轻重的作用。因此，父母必须有意识地培养孩子的自信心。

孩子上学前那段时间，是自我意识和个性开始形成的重要时期，这个年龄段的孩子可塑性大，是培养自信心的最好时机。

父母要学会放手，帮孩子 = 害孩子

父母发现孩子的自信表现是当务之急。不自信的孩子会有如下表现：胆小，缺乏毅力，容易放弃，没有安全感，不乐观，不合群。自信的孩子则完全相反。他们学习能力强，人际关系好，能够战胜困难，会把挑战当作一种乐趣。

其实，孩子缺乏自信心，很多时候"罪魁祸首"恰恰是父母。现在很多孩子都是独生子女，自然成为父母和祖辈的心肝宝贝，被宠爱有加。如果小孩子的能力不足，在游戏中笨手笨脚，动作又慢，一些家长就会忍不住自己动起手来，使孩子失去了许多培养自信心的机会。

培养孩子的自信，父母首先需要做的就是扭转自己的观念。孩子的自信是在不断成功的过程中逐渐形成并加强的。虽然失败也会对孩子的自信产生影响，但失败后的成功对孩子自信的建立更为有效。事实上，最可怕的就是不作为，什么事情都不让孩子去做，孩子怎么能建立自信呢？

观看鹰妈妈如何训练小鹰飞行，可以为很多父母提供借鉴。稚嫩的小鹰害怕飞行，不敢尝试，但鹰妈妈每次都将小鹰赶出鹰巢，让小鹰在

悬崖上跌跌撞撞，在气流中打转、迷失方向。小鹰在一次次失败中变得自信、坚强起来，并最终成为飞翔高手。

当听到孩子自告奋勇要做某件事情的时候，父母一定要学会放手，让孩子去尝试，而不是越俎代庖，帮孩子做那些事情。帮孩子做事实际上不是在帮孩子，而是在害孩子，让孩子永远都无法在锻炼中获得自信。时刻注意增加一些小游戏，比如让孩子练习拉拉链、扣扣子、系鞋带、浇花等，这些都是提高孩子自信心的好办法。在积极的参与中，孩子发现自己可以做很多事，自然产生了"我很棒"的意识，自信心也就得到了提高。

我们这里来介绍一下"马太效应"。

"马太效应"这个名词来自于《马太福音》中的一则寓言：一个国王远行前，把三个仆人喊来，给他们分配了任务。按照各人的才干，一个给了五千，一个给了两千，一个给了一千。那个领五千的，随即拿去做买卖，又赚了五千；那个领两千的，也照样另赚了两千；但那个领一千的，只是把主人的银子埋藏了起来。过了许久，主人回来了，和他们算账。只有领了一千的仆人受到了惩罚。主人说："你这又恶又懒的仆人，你既然知道我没有地要收割，也没有地要买，那么就应当把我的银子放给人，到我回来的时候，就可以连本带利收回。"于是主人夺过他这一千两银子，给了那个已有一万两银子的仆人。

"马太效应"指强者愈强、弱者愈弱的现象，被广泛应用于心理、教育、金融等众多领域。孩子如果很自信，成功就会接踵而至。一般而言，赏识教育能给予孩子充分的肯定，让孩子自信起来，因此成为提高孩子自信的最好方法。教育家卢勤女士根据自己的经验提炼出了关于快乐人生的三句话："太好了！""我能行！""你需要帮助吗？"卢勤女士所倡导的也就是常说的"拇指教育",即激赏教育,要求父母应该经常竖起拇指表扬孩子,而不是讥笑、批评孩子,从而使孩子建立自信。父母都应该致力于培养孩子的自信心,因为自信能够让孩子变得更优秀。希望父母都记住:赏识和赞美是一种美德。赞美会使一个孩子越来越优秀,因为赞美带来自信,而自信带来成功。所有父母都应该把赏识与赞美当作一种习惯,通过赞美与赏识,培养孩子的自信,增强孩子的自信心,帮助孩子获得成功。

我们也要再次强调,爱玩是孩子的天性,孩子是在游戏中认识自身和了解世界的。游戏是培育孩子自信心的最好途径。离开了游戏,父母强行嫁接给孩子的自信基因,只会被孩子下意识地排斥。孩子只有在游戏中动脑、动手、动口,才能建立自己的自信系统,这是提高自信心的根本。而父母要做的,就是要尽可能多地准备这些小游戏。

很多旨在培育孩子信心的小游戏,都是一种很好的心理训练,也是一种学习态度和习惯的训练,会潜移默化地培养和巩固孩子的自信心。父母需要随时随地发起各种有趣的游戏,来激发孩子的自信。随着孩子自信心的增强,他对各种活动和学习的兴趣会逐渐加大,也更乐于跟别人交往,他的性格也越来越活泼可爱。

父母要力争让孩子在游戏中有所表现,增加孩子的满足感,让孩子获取自信。针对孩子各个年龄段的不同特征,父母应该安排不同的游戏活动,适当增加游戏的难度,同时保持趣味性。另外,父母还要根据孩子各方面的发展水平,安排不同内容的游戏。比如对语言发展较慢的孩子,尽量安排说话、阅读和角色扮演等游戏,增加孩子开口说话的机会和兴趣;对反应比较慢的孩子,就要多安排一些户外活动,比如溜冰、滑板等活动,增强孩子的身体敏捷度。有针对性的游戏才能增加他们的成就感，进而提高他们的自信心，同时也锻炼了孩子其他方面的能力。

父母要记住，在游戏中让孩子获得成就感是最重要的，这样才能使他们的自信系统尽快建立。对于婴幼儿来说，在游戏中父母可以用装笨的方法，让孩子体会到成就感。不过随着孩子心智的发展，对七八岁的孩子，父母就不能扮傻了，而是要在游戏中坦诚明确地告诉孩子自己也有不擅长的方面。否则，一味不顾事实地吹捧，只会让孩子产生骄傲和自满心理，而无法产生真正的自信。

在游戏中，父母切忌对孩子提出过高的要求。让3岁的孩子达到5岁孩子的表现，这只会增加孩子的挫折感。同时，即使孩子在游戏中表现不好，父母也不应该表现出不耐烦，更不应该进行消极评价，说一些"你真笨""别人做得到你为什么做不到"之类的话。这样会使孩子产生"我不如别人"的想法，产生自卑的念头。

孩子的发展是千差万别的。有的孩子很有自信心，他们性格活泼，行动积极，与人相处融洽。他们深信自己能够完成任务，并且能够积极提出建议。在做事过程中，他们能够坚持自己的主张，善于说服他人。他们注意力比较集中，思维活跃，表现出较高的学习兴趣和自发的探索精神。他们习惯于说"我行""我会做"。

而自信心较弱的孩子，则表现为情绪不太稳定，显得沉闷、冷淡。他们最喜欢独自游戏，参加合作游戏时，也不愿意站出来充当领导者，常常处于被领导的地位。他们极少提出自己的意见和建议，缺乏主见，容易让步妥协。他们的注意力容易涣散，惧怕尝试新任务，常常会说"我不会""老师，怎么弄呀？""我学不好"。

孩子自信心的培养，是父母的重要责任。在游戏中给予孩子最大的信任、必要的指导和最低程度的帮助，是培养孩子自信心的最佳方法。

一个有爱心的孩子，对外界充满同情和关爱，
也会受到外界的善待；而一个心存恶意的孩子，他
伤害他人有多深，受到的伤害就会有多深。

第二节 "亲善大使"游戏：
培养孩子的爱心

父母如何引导是关键

在被众多父母奉为育子宝典的《好妈妈胜过好老师》一书
中，尹建莉女士写了女儿圆圆小时候发生的一件事：

孩子小时候，常常会发生轻微的磕伤碰痛的事，我的女儿
圆圆当然也一样。我们一方面非常注意她的安全，另一方面这
些事情发生时，也不要过分大惊小怪。我们尽量以轻松快乐的
表情相对，让她觉得这是很平常的，甚至是有些趣味的事。如
果大人动不动就一脸惊慌失措，不但不能给孩子安慰，还会把
孩子吓着。除了皮肉痛，孩子心理上也会产生恐惧。同时我们
还教给她善待"对手"。假如小板凳碰痛她了，我们绝不会去
打小板凳。赶快亲亲她的痛处，据说妈妈的吻止痛效果很好，
给她揉揉，安慰她"马上就不痛了，宝宝不哭了"。安慰得稍
好一些时，再像对待她一样，带着她给小板凳揉揉痛，告诉小
板凳"马上就不痛了"。

　　这样做，不但没有让小板凳站到她的对立面，成为"加害"她的坏蛋，还能作为朋友分担痛苦，并让她意识到"碰撞"是双方的事，要互相体谅。圆圆去给小板凳揉痛时，也就忘了自己的痛，情绪很快好起来。有一次我带她在外面玩耍，她跑着，被不够平整的地面绊了一下，向前摔倒。两只小手擦出微微的血痕，圆圆痛得大哭起来。我赶快亲亲她的小手，轻轻地给她吹吹，再给她擦擦眼泪，她很快就不哭了。我要拉她走开时，她居然蹲下身，给摔倒的地面揉揉痛，安慰地面说"马上就不痛了"。

　　这段话给很多父母很大的启发，很多父母都在自己的博客里转载了这段话。还有父母书写了自己的心得感言：孩子是一张白纸，父母希望孩子接受怎样的教育，以后成为什么样的人，自己的表现真的非常重要。像这种给板凳揉揉疼的行为，不就是很趣味盎然的小游戏吗？在这种小游戏中，只要父母能够顺势而为，给予巧妙的引导，孩子怎么会不懂事呢？

　　在生活中，磕碰摔倒对于低龄儿童来说是经常发生的，父母当然要随时注意孩子的安全，不让他受到伤害。但是，对于轻微的磕伤碰疼也不必大惊小怪，这会让孩子产生自私骄纵的心理。父母应该尽量以轻松愉快的表情对待，让孩子觉得这是平常事，没必要夸大其词。如果孩子表现得不仅勇敢，而且还能很平和，父母更应该感到高兴。

　　然而，如果父母为了让孩子不哭，就急于给孩子找一个替罪羊，责骂或者拍打肇事的凳子，以让孩子破涕为笑或者转移其注意力的做法，只会给孩子带来负面影响。慢慢地，孩子可能学会了找借口，推诿责任，甚至产生不宽容和报复的心理。这是很可怕的，非常不利于孩子的心理健康。在孩子看来，万物其实是等同的，说话对象是一棵草还是一朵花，或者是小猫、小狗、布娃娃，是没有区别的。同理，迁怒于小板凳，与对人发脾气是一样的。父母现在为了安慰孩子佯装迁怒于板凳、地面，孩子以后就有可能无端地将自己的怒气撒到别人身上。

从小培养孩子的爱心，会极大程度地影响他以后的幸福感和成就感，而且对孩子的人际交往也会产生决定性的影响。一个怀着"爱心"长大的孩子，对人对物都抱有一种同情和关爱，也会得到他人的善意关怀；而一个怀着"恶意"长大的孩子，他的态度伤害他人有多深，他受到的反伤害就有多深。这肯定是所有父母不乐意看到的。

培养孩子的爱心不是简单的过程，也不是靠渴求和命令就能让孩子具有的。这需要父母做出表率，在各种小游戏中培养孩子的爱心。在这些游戏中，父母首先要是善意的，才能让孩子感觉到善意；父母首先应该是体贴的，才能让孩子感受到体贴；父母首先应该是为他人着想的，孩子才会学着对他人释放爱心。

自私的父母，哪怕再怎么掩饰，孩子还是只会学到他们的自私和冷酷。这样的父母本身情商就很欠缺，他们更需要全心全意和孩子一起投入到游戏中，培养孩子的爱心，同时也提高自己的情商。

比如，现代很多家庭都养宠物。父母对待宠物的态度，也会影响孩子。有些年轻的父母，对待宠物并不温情。有兴趣了，他们对宠物非常好；不耐烦了，就驱赶宠物，甚至虐待宠物。孩子耳濡目染，就会有样学样，也残忍地对待猫狗。有些孩子会用火烧宠物，或者把宠物浸入水中，或者用棍棒抽打宠物等，这些都是仿效父母的行为。他们本身并不是天生的恶童。

　　有这样一个小故事。王丽带孩子去市场买菜，在市场外面有一个花甲老人在卖自家地里种的蔬菜。她卖的价格要比市场卖的便宜，而且她的蔬菜更新鲜。王丽跟老人讨价还价，最后原本 6 元的青菜，王丽给了老人 5 元。在回家的路上，孩子突然跟王丽说："妈妈，刚才卖菜的那个老奶奶真可怜，她看上去比外婆还要老，却还要自己来卖菜。"孩子接下来的问题更让她无法回答。孩子问："为什么老奶奶那么可怜，你不多给她1元钱呢？"王丽无语。在孩子的童心面前，她真的无法自圆其说。想教育出什么样的孩子你就得成为什么样的父母。

　　孩子本来就富有爱心，这是毋庸置疑的。孩子在牙牙学语、蹒跚学步的时候，对世界充满好奇。他会随时露出笑脸、展现善意。在对待玩具的态度上，孩子的本性也是温和的，并不会随意撕扯损坏玩具。即使生气的时候扔玩具，他也是无意的。他只是表达自己的情绪，而不是想破坏什么。另外，孩子对待布娃娃的感情，也远远超出了我们的想象，他们会给布娃娃命名，和它们说话，带它们一起玩耍，这些都是爱的表现。

同理心是爱心的高级表现

　　这一代独生子女，比起过去的孩子，普遍缺少爱心。现在的父母工作都很繁忙，平时孩子都交给长辈带，亲子沟通很少。这些更容易让孩子缺少爱心培养，以自我为中心，情感淡漠，没有追求，合作精神差，很少设身处地为别人着想。

在心理学上，为他人着想的心态称为"同理心"。在心理学中，同理心是一项重要的心理素质，它直接影响个体与外界的融洽关系。同理心是指人们在人际交往的过程中，能够主动地体会到他人的情绪和想法，能够站在他人的立场，从他人的感受出发看待问题、处理问题的能力。简单地说，同理心就是从对方的角度设身处地地思考问题的一种方式。

同理心是建立良好沟通，获得他人好感和信任的桥梁。如果一个人没有同理心，就很容易漠视他人，对他人的幸福和悲伤视而不见，也会嫉妒他人的成就和幸福，对他人的失败和不幸幸灾乐祸。可以说，缺乏同理心是人际交往的毒药。孩子还处在与世界、与他人建立关系的最初阶段，当孩子流露出同理心的时候，父母一定要妥善呵护，切不可忽略不计。当孩子说"某人可怜""某人并不是坏人"的时候，父母绝对不能认为孩子什么都不懂，强迫孩子接受成人的世界观。那样对孩子而言将是一场灾难，因为他也许再也不会树立同理心，而会视他人为地狱了。

同理心是情商的主要衡量标准。缺乏同理心的孩子，不体谅他人，自私任性，也会给父母带来层出不穷的麻烦。他们只会关心自己，只顾自己的快乐，而无视别人的痛苦，甚至把自己的欢乐建立在别人的痛苦之上。这种孩子是很可怕的，长大后人际关系也会处理不好，游离在集体之外，处于严重的心理失衡状态，甚至会产生报复社会等极端心理。

要改变这种状况，让孩子健康成长，享受到他人的关爱，父母应该在游戏和日常生活中注意以下三个方面：第一，父母要以身作则，表现出自己善意的一面，做出富有爱心的言行。第二，多准备一些游戏活动，让孩子多做"亲善大使"。第三，在游戏中，有意进行移情训练，让孩子能够理解体谅他人。

另外，发生自然灾害或者其他不幸时，社会各界都会踊跃奉献爱心。这些事情对于孩子的爱心发展也都是有促进作用的，父母应该因势利导，让孩子了解相关情况，积极参与到救助活动中，比如捐献自己的零花钱等。这对孩子的爱心培养，是非常有效的。

同情心和同理心，都需要从小培养，但是很多父母会将两者混淆，其实这是两种不同的概念。同理心比同情心程度更深，因而更难达到，在人际关系中发挥的作用也更大。同情心，是认知到别人的痛苦，从而引起恻隐之心。同理心，是能够感同身受，设身处地为他人着想，实际感受到他人的痛苦。当听到他人遭遇不幸时，有同情心的人会说："我真的替你感到难过。"但是有同理心的人会这样说："我也遇到过这样的事，我知道这是什么样的感觉。"同理心牵涉两个人的互动过程，必须认真地倾听，而且了解、接纳对方的感觉。这是一种认同他人体验的态度。同理心是一种关心与爱的艺术，是高情商的表现。不过，它不是与生俱来的，而是后天培育出来的。

英国心理学家提出了两点建议，可以帮助我们学习发展同理心：不嫉妒，不攀比。在和孩子的玩耍中，父母可以有意将这些引入游戏中，加深孩子的体会。

一次角色扮演、一次剪刀石头布来决定谁倒垃圾的
小游戏，父母都要积极引导。

第三节 "站好最后一班岗"游戏：
培养孩子的责任心

抓住责任心培养的关键期

2008年汶川5·12大地震发生时，林浩与其他同学没来得
及跑出来，被压在了废墟之下。此时，废墟下的林浩表现出了
远超其年龄的成熟，身为班长的他在废墟下不停地鼓励同学。
为了鼓舞士气，他组织大家一起唱歌，并极力安慰惊吓过度的
女同学。

经过两个小时的努力挣扎，用手抠肩扛，身材虽然矮小但
是很灵活的林浩终于逃出生天，爬出了废墟。这个时候，余震
不断，更大的危险随时会降临。林浩没有选择赶紧离开险境，
因为在废墟之下尚有数十名他的同学。九岁半的林浩感到了身
为班长的荣耀，责任心让他不顾自身安危，再次钻回废墟。他
利用一人之力展开了救援。咬牙坚持，历经艰辛，林浩将两名
同学背出了废墟，挽救了他们的生命。在救人过程中，林浩的
头部和上身有多处受伤，但是他根本没有意识到疼痛，责任心

一直在鼓舞着他。

　　2008 年 5 月 20 日，中央电视台和很多地方电视台都播出了专题采访报道《九岁救灾小英雄林浩》。林浩那稚嫩的童音、超出年龄的成熟以及勇敢善良的品格，感染了每一个中国人。当有记者问他为什么不自己逃走而是留下来救同学时，他回答说："我是班长！"这个小班长身上闪耀的责任心的光芒，让记者竖起了大拇指。

　　哲学家培根说："责任心是世界上最珍贵的种子，它若早早地播种在孩子的心田里，将会收获一生一世的幸福。"

　　在孩子的心理发展中，责任心的形成十分重要。它是情商的重要组成部分，对孩子心理健康也很有影响。几乎所有人希望自己的孩子有责任心，但并不是每个孩子天生就有责任心。责任心是后天发展起来的一种品质，是在与周围环境的相互作用中，特别是在与他人的交往中，通过亲身体验逐渐形成和发展起来的。它需要适宜的条件和精心的培养。父母在培育孩子责任心的过程中产生的作用不可小觑。

　　心理学家在研究中发现，幼儿期在一个人的发展中有着独特地位。幼儿正处于生长发育期，对他们进行责任心教育，能起到潜移默化的效果。

　　对孩子来说，责任心就是实实在在地对自己负责、对他人负责。对孩子责任心的培养，应该从大处着眼，从小处着手，让孩子在游戏和家庭生活中感受到责任的分量。一次角色扮演，一次剪刀石头布来决定谁倒垃圾的小游戏，父母都要积极引导。既应在孩子表现好时给予表扬鼓励，也要在失责时给予适当的批评和惩罚。只有这样，才能让孩子尽快走出自己的世界，强化孩子的责任心，帮助孩子成长。

每个人都天生有一种积极向上的内在趋势，这是责任心产生的心理机制。孩子在婴幼儿阶段表现出各种主动尝试的兴趣，如自己吃饭，自己穿衣服，自己洗衣服等，就是一种责任心的萌芽。家长的责任是密切地关注他、扶助他、鼓励他，在游戏和日常生活中激发孩子的责任心。在这样不断尝试的过程中，孩子的责任心就会得到长足的发展。孩子的责任心是后天养成的，它伴随孩子的成长而不断得到巩固和强化，父母要根据孩子不同年龄段的发展特点，准备不同的游戏，由浅入深地培养孩子的责任心。

低幼龄儿童处在被动责任阶段，在游戏中家长要给予具体的指导。这时的孩子能大致按照父母的指令完成任务就是胜利，因为孩子这个时候并不理解责任的意义，只是会因为成功的激励，产生一种上进的意识。孩子进入6岁以后，就开始能够初步理解自己的责任，对游戏中的角色和任务理解更深，但还是常常需要父母提醒，才能完成得更好。这一阶段是培养孩子责任心的关键时期。

培养孩子的责任心需要注意什么？

角色扮演类游戏是培养孩子责任心的首选。对外界充满好奇而又善于模仿的孩子，会热衷于在游戏中扮演不同的角色。在游戏中，他们要适应每个角色的要求，完成一些特定的任务——这就是孩子在游戏中要承担的责任。如果孩子忘记或者没有很好地完成自己的任务，自己就会觉得遗憾。如果这时父母再加以善意的引导，让孩子意识到自己的失职，就更容易激起孩子的责任心。

　　在众多角色扮演类游戏中，最适合的游戏是"站好最后一班岗"游戏，这也是很多孩子热衷的游戏。在这个游戏中，可以根据家庭成员安排游戏人数，一般是一个军官两个士兵。父母和孩子可以随机选择角色。如果孩子扮演军官，他可以安排士兵站岗和换岗。如果孩子没有行使好自己的职责，忘了撤岗，那么站岗的士兵就要一直站着。这是孩子的失责，孩子需要向士兵道歉。相反，如果父母中的一方担任军官，可以有意识地稍微延长孩子站岗的时间。这个时候孩子的耐心就得到了锻炼，而这种耐心乃是缘于孩子对于游戏中自己角色和岗位的认识，也是责任心的体现。

　　在这个游戏中，父母还要鼓励孩子做事情要有始有终。孩子好奇心强，忘性大，什么事情都感兴趣，什么活动都想尝试，但是随意性很强，在游戏中总是虎头蛇尾或有头无尾。在"站好最后一班岗"游戏中，无论下达的是什么指令，接受的是什么任务，如果不能有头有尾，就是一次失败。在游戏中，孩子很容易学会督促自己。这对培养孩子持之以恒、认真负责的好习惯很有帮助。

　　延伸到现实生活中，父母也可以有意识地交给孩子一些任务，以培养孩子的责任心。比如游戏结束后玩具要自己收拾好；每天早晨闹钟一响，就应该马上起床；答应父母的话要做到等。如果孩子做错了事，也要让他意识到自己应该承担的责任，并且努力去改进，这也是责任心的体现。

　　父母要学着做智者，善于抓住生活中的小事情，给予引导和教育。1920 年，11 岁的里根在踢足球时不小心踢碎了邻居家的玻璃，要赔给邻居 12.5 美元。父亲让里根像男子汉一样负责，他借钱给里根赔偿邻居，但是要求里根一年之内归还。从此，里根每逢周末、假日便外出辛勤打工，经过半年的努力，他终于挣足了 12.5 美元。里根在回忆这件事时说："通过自己的劳动来承担过失，使我懂得了什么叫责任。"里根的父亲无疑是一位智者。他懂得把握住教育的机会，他知道如何教育孩子从小对自己的行为负责，这一点值得所有的父母学习。

在培养孩子责任心的过程中，父母还应遵循这样的规律：从无到有，从小到大，从自己到他人，从家庭到学校，从具体到抽象。父母可以通过鼓励、期望、奖惩等方式，督促孩子履行职责，逐步培养孩子的责任心。比如，作为家庭中的一名成员，孩子既应该享受权利，也应承担一定的家庭责任。父母可以让孩子试着先承担一些力所能及的家务劳动，再逐渐让他参与家庭中的一些决策，从而让他明白自己对家庭的责任。

责任心的培养要通过孩子自己的努力来完成，因此很多事情应该由孩子独立完成，父母切不可代劳。有的父母在游戏中帮助孩子完成任务，这是责任心的"错位"和"越位"，对孩子的成长极为不利。

父母不应该太过严肃地进行一板一眼的道
德说教，而是应该将节日活动和游戏结合在一
起，让孩子在感兴趣的同时被潜移默化地影响。

第四节 "过节"游戏：
培养孩子的感恩意识

李琳为自己儿子的生日特制了一个活动项目:每年儿子都
要在生日宴会上向送他礼物的亲朋好友说一句感谢的话。特别
是对于外公外婆、爷爷奶奶和爸爸妈妈，李琳还会要求儿子说
说一年中长辈们对他的关爱和照顾。

虽然儿子还不是很明确鞠躬的意义，但是他知道向关心和
爱护自己的人鞠躬意味着一种感谢，而且这种行为还能博来众
人的交口称赞，在孩子幼小的心灵中，也意识到了这是正确和
受欢迎的。

在其他时候，李琳也有意让儿子多参加一些表示感恩的游
戏。例如"找朋友"游戏。爸爸扮演小羊，妈妈扮演小狗，儿
子扮演小猫，他们都为他人准备了对方喜欢的礼物。这让儿子
意识到了别人赠送礼物给自己的时候，也要回赠礼物并表示感
谢。孩子通过这些游戏，培养了感恩意识。

由于爷爷奶奶和外公外婆不和他们住在一起，周末或者节

假日时，李琳全家都会去看望他们。这个时候李琳就让儿子积极参与到探望长辈的行列中来，给儿子讲述老人们养育孩子的辛苦，让儿子为长辈挑选礼物，同时还要让儿子在送上礼物时说些感恩的话语，例如"爷爷奶奶辛苦了""外公外婆我们来看您了"之类。

这样一来，儿子就不会觉得探望长辈的活动是和自己无关的，不会提不起兴致，甚至中途就闹着要回家。相反，他会觉得整个活动趣味盎然，也从中明白了父母养育自己的不易，对父母更加感恩。

感恩意识的加强，让李琳的儿子成了众人交口称赞的小大人。

"感恩"是一种人生哲学，更是一种高情商的表现。它可以是一句肺腑之言，可以是某个善意的举动，也可以是一件精心准备的礼物。如果人与人之间缺乏感恩之心，必然会导致人际关系的冷淡。只有学会感恩、懂得感恩，才能感悟生命的意义在于奉献，而不在于索取。因此，对于现在的孩子来说，具有感恩意识是非常重要的。

学会传递善意

一个人如果没有感恩意识，就会无视别人的善意，进而一意孤行，影响自己的人际交往，使自己和他人的关系变得一团糟。培养感恩意识，可以帮助孩子从小学会去关注他人的想法，"投之以桃，报之以李"，对他人给予的帮助以回报。

在西方，感恩节已经有数百年的历史。西方人利用这个节日盛会，向天上的神灵和帮助过自己的亲朋好友表达谢意。感恩教育更是伴随西方人的一生。查斯特菲尔德爵士告诫他的儿子，要心存感恩，要懂得赞美。感恩和赞美是世界通用的，任何贵族的沙龙会因此向你敞开。一个人有怎样的口碑，人际关系融洽与否，都和感恩意识息息相关。不知道珍惜，就不知道感恩。

近年来，中国受多元文化的影响，感恩教育受到了一定程度的冲击，导致了集体性的感恩意识缺失。这在一些人身上甚至到了触目惊心的程度。在一些家庭中，孩子的感恩意识也让人担忧，他们自私任性，就像小皇帝、小公主；他们不知道体恤父母，坐享其成；他们浪费成性，不珍惜有限的资源；他们缺乏积极向上的意识，疏于自我管理，放任自流，对生命的宝贵视若无睹。

这些虽然是孩子犯的错，但根源在父母身上。正是父母没有从小培养孩子的感恩意识，才让孩子不知道天高地厚，不心存感恩，自私成性，伤害很多帮助过他的人。家庭是一个人感恩意识的出发点，而父母是培养孩子感恩意识的最佳人选。对于父母来说，孩子一出生，就应该开始对孩子进行感恩教育的培养。在游戏活动和日常生活中，向孩子传达感恩意识的重要性。

感恩教育是一种爱的教育。感恩教育无处不在，生活中点点滴滴都能折射感恩的光辉。向别人问路，得到别人热心指点后说声谢谢，这是感恩；孩子过生日，向妈妈说声辛苦了，这是感恩；教师节给老师送上鲜花和祝福，这是感恩；向社会献爱心，向灾区捐款，这是感恩。父母只要做生活中的有心人，就能随时随地让孩子接触到感恩的光芒，孩子的感恩意识就一定能得到很好的培育。

在小游戏中，父母告诉孩子感恩意识的重要性，让孩子体会到感恩是中华民族的传统美德，这对孩子的成长和成就有极大的促进作用。比如，中国传统节日很多，几乎每一个节日，"感恩"都是一贯的主题。在春节、清明、中秋、重阳等节日中，弥漫其间的亲情和友情，其实都是感恩的范畴。我们在节日期间去看望亲人、拜访朋友，都是感恩的一种体现。过这些节日时，父母应该让孩子融入节日的氛围中，让他们体会感恩的含义。为了让孩子更有效地接受这方面的训练，父母不应该太过严肃地进行一板一眼的道德说教，而是应该将节日活动和游戏结合在一起，让孩子在感兴趣的同时被潜移默化地影响。

在培育孩子感恩意识的时候，父母的言传身教是很重要的。平时在家里，如果父母尊敬长辈，事无巨细地关心长辈，对长辈嘘寒问暖，就 能成为孩子的表率。父母也可以让孩子为长辈做一些力所能及的事情，如替长辈倒茶、盛饭、搬凳子等。又如，逢年过节给长辈准备礼物的时候，也可以请孩子做参谋，让孩子记住长辈的喜好。如果父母平时做得很好，也让孩子试着参与，相信孩子也会受到感染，从而学会去关爱他人。

学会孝敬老人

民间有种说法，叫做祖孙隔代亲。孙子、孙女很少和老人相处，老人分外挂念，相聚时便更为疼爱。如果孩子跟长辈接触过于少，"隔代亲"也可能变得冷淡。当前，中国已经进入老龄化社会，"421 模式"（四个老人、一对年轻夫妻、一个孙辈宝宝）已成为中国现代家庭较为普遍的结构特征。而"80 后"的年轻父母们，因为忙于事业、疲于还贷

（房、车）、没有养育经验等多种因素，往往没有太多的时间和孩子相处，也没有余暇陪伴老人。这种当前亲子教育中常见的现象，也深刻影响了孩子对亲情的理解。

"老吾老以及人之老，幼吾幼以及人之幼。"中国向来是"礼孝传家"，具有深厚的敬老爱老传统。古语云，不孝之子，十恶不赦。可是在"金钱至上"的当今，有些年轻人敬老的观念淡薄，对父母关心不够，甚至普遍存在一种"靠老""啃老"现象。许多老人辛苦了一辈子，晚年还要做"家庭保姆"，给子女义务"打工"。父母是孩子的第一任老师，家庭是孩子的第一课堂。父母的表现孩子都看在眼里，有什么样的榜样，就教出什么样的孩子。父母对老人态度不好，孩子就不可能对老人有深厚的亲情。这会造成孩子冷漠自私的性格。这样的孩子长大后，情商表现低下，不懂感恩，不知回报。别人势必会离他远远的，他的人缘也将非常差。

这些孩子不是对老人敬而远之，就是漠不关心，这往往是交往甚少、感情不深的缘故。在和长辈有限的交往中，孩子常要通过父母的提醒，才给老人搬凳子、说"再见"等，显得非常冷漠，极大地伤了老人的心。对父母来说，若要培养孩子健全的情商，爱心和感恩之心要排在首位。应该让孩子多与老人接触，陪老人聊聊天、散散步，这样可以缩短两代人的心理距离。感情有了，尊敬之情就会在孩子幼小的心灵里发芽、生长。

为了增加孩子和老人之间的亲情联系，父母可以向孩子讲述爷爷奶奶、外公外婆的经历，不能让时代意识和生活观念的差别成为祖孙两代人之间的天堑。除了讲述之外，父母还得经常和孩子一起去看望长辈。当孩子看到父母在长辈面前表现得像个孩子，或者看到父母跟长辈在一起温馨的画面，就会激起他的亲情和感恩之心。

看望长辈，需要集体行动，以便加深孩子的亲情体验，有助于促进亲子关系的融洽。在这个过程中，三代人的亲情都能得到升华。同时，父母可以让孩子准备礼物送给长辈，让孩子将亲情和感恩落到实处。人人都会老，都会生病，都会需要关爱和照顾。孝敬父母，尊重老人，是给孩子做出好的榜样，从这个意义上说，也是善待自己。对老人尽孝，既报答了父母的养育之恩，也影响了孩子的情感和爱心。

父母请记住：感恩意识是孩子长大后能不能融入社会的关键。不知道感恩的人不会对别人的善意作出正面的呼应，可能会以怨报德，伤害他人，使自己陷于孤立。心理学家指出，感恩意识有助于孩子道德的发展和人格的完善。学会感恩，孩子才会摆脱对利益的单纯追求，战胜自私、冷漠和自卑，培养与人为善、与人为乐、乐于助人的品德。感恩意识还可以帮助孩子确立社会责任感，体谅父母的辛苦和获得来自社会的关怀，体会大自然的恩惠。这可以增强孩子的人情味和社会责任感，从而让孩子长大以后拥有和谐融洽的人际关系。

只要我们选择相信孩子，孩子就会尽其所能地不辜负我们的信任。就算孩子犯了错，父母的信任也会帮孩子对抗说谎的冲动。

第五节 "给猫画鼻子"游戏：
培养孩子的诚信意识

圆圆喜欢在家缠着父母玩"给猫画鼻子"游戏。为此，妈妈还专门买了一块移动型的白板，做游戏的时候就拉出来，方便大家过去给猫画鼻子。游戏开始的时候，圆圆先在白板上画三张可爱的很圆的猫脸，然后一家三口轮流蒙上眼睛走过去画鼻子。结果呢？

有的时候，妈妈把鼻子画到了猫的嘴上，爸爸把鼻子画到了猫的额头上，圆圆更是把鼻子画到了猫脸外面。看着这些怪异有趣的"猫脸"，圆圆开怀大笑。圆圆玩这个游戏的时候很投入，也很认真。有的时候爸爸要给妈妈提个醒，圆圆都坚决制止，而圆圆也会拒绝爸爸妈妈的帮助。哪怕鼻子不知道跑到哪儿去了，都不会影响圆圆画鼻子的乐趣。

后来，妈妈给游戏作了小小的调整：画鼻子的时候不给眼睛蒙布了，只是把眼睛闭上。为了防止有人破坏游戏规则，给队员提醒，其他两个人也必须把眼睛闭上。开始的时候妈妈还有点担心，好胜心强的圆圆会不会偷偷睁开眼睛，但是几轮下来，她发现圆圆并没有作弊，于是放下心来。

通过这样的游戏，圆圆的自我控制力和诚信意识得到了加强，这让爸爸妈妈很是欣慰。心理学家做过一份调查，内容是"你最愿意结交什么样的人"和"你最不愿意结交什么样的人"。调查结果显示，在两项内容中，"正直诚信的人"和"不正直不守信的人"都排在了第一位。这个结果告诉我们：正直诚信是每个人的立身之本。

教育家陶行知非常强调诚实的作用，他说："千教万教，教人求真；千学万学，学做真人。"诚信是一个人立足社会和事业发展的基石。一个人能够取得多大成就，很大程度上依赖于诚信。

很难想象，一个抛弃了诚信，习惯于撒谎和欺骗的人在事业上能取得真正的成功。对于父母而言，培养孩子的诚信意识刻不容缓。如果等到孩子养成了爱撒谎等不良习惯，想要纠正就很难了。

父母要少开空头支票

有一个"老国王挑选继承人"的故事，说明了诚信的重要性。一位老国王为了挑选一位诚实的男孩做他的王位继承人，把煮熟的种子发给了许多小男孩，并告诉他们：谁种出来的花最美，谁就能继承王位。半年后，只有一个男孩带来了只装有泥土的花盆，其他的男孩都带来了鲜花。很显然，这个诚实的男孩最后继承了王位。

所以，从小培养孩子的诚信意识，是亲子教育的重要内容。在亲子教育中，父母对孩子一定要做到言而有信。父母守信有助于培养孩子遵守诺言的意识。诚信是一个非常重要的品质，甚至可以说是无价之宝。

美国儿童心理学家罗达·邓尼说过："父母错了，或违背自己许下的诺言时，如果能向孩子说一声对不起，不仅可以帮助孩子建立自尊，同时还能培养孩子尊重人的习惯。"

然而，在现实生活中，许多父母并没有信守承诺的习惯。他们常常给孩子开空头支票，向孩子许下这样那样的承诺，但很少兑现。久而久之，孩子对父母的做法习以为常，也就有样学样，不会去遵守自己许下的承诺。

许多时候，父母为了达到目的，随口哄哄孩子。他们对孩子做出承诺，希望给孩子的进步增添动力，但是当这种随意的许诺不能实现的时候，父母不是正面去解释或承认自己的不当之处，而是为自己的不守信用寻找各种借口。这样带来的结果是，孩子也会为自己寻找各种借口，逃避责任，甚至是撒谎。

英国著名哲学家罗素说："若要孩子不学会撒谎，成人对孩子绝对诚实自然必不可少。教训孩子说：撒谎有罪。然而自己却去说谎，并被其子女发现，这无疑会使道德上的威信丧失殆尽。"罗素的意思是，父母要做好孩子的榜样。

想要孩子诚信，父母首先就要诚信。如果父母经常食言，言行不一致，甚至故意撒谎，这都会给孩子带来很糟糕的影响。父母要努力做到诚信待人，特别是对孩子也要诚信，这样才能言传身教，让孩子体会到诚信的伟大。

父母要谨记：对孩子必须言而有信、以诚相待。这样，孩子才会对父母产生充分的信任感，也才愿意把自己的心里话告诉父母，从而形成良好的亲子沟通。父母是孩子的镜子，也是孩子模仿的对象，只有言而有信的父母，才能在子女心目中树立起好榜样，才能避免孩子养成说谎的坏习惯。

父母在孩子面前尽量要兑现诺言，这分两方面来理解：第一，尽量不要用许诺来刺激孩子。第二，许诺孩子的事情，就一定要做到。免得让孩子受到坏的影响，觉得人可以言而无信，可以撒谎。

然而，在培养孩子诚信意识的过程中，父母最经常犯的错误是，向孩子轻易许诺却不兑现。有的孩子说："我爸爸说，只要我考了前三名，就带我去香港迪士尼乐园玩。我真的考了第一名，爸爸却说他没时间。"有的孩子说："我妈妈说，做完作业就可以看会儿动画片。我写完了，妈妈却不同意了，说再让我看一本书才能看电视。我就骗她我看完了。"正是父母对孩子的不诚信，引发了孩子最初的不诚信。慢慢地，孩子也会养成撒谎的习惯。

当父母因为客观原因影响了诺言的兑现，孩子感到失望、委屈时，父母不可强迫孩子接受许诺不能兑现的结果。父母应主动、诚恳地向孩子道歉，把原因跟孩子讲清楚，以取得孩子的理解和原谅，并在以后寻找适当的机会兑现自己以前没有兑现的诺言。

即使孩子暂时无法谅解，也不能用呵斥、教训的方式对待孩子，应该允许孩子发牢骚、表示不满。有时，孩子只是因为已经事先在同学、朋友面前炫耀过了，怕没有面子，所以才失望、抱怨。孩子即使埋怨父母，说父母是大骗子，也只是一时的言语过激，而且这些都是短暂的行为，不会为其将来埋下隐患。

父母要对孩子保持信任

即使父母以身作则，孩子仍然可能犯错，这个时候父母不应该对孩子的不诚实表现大惊小怪。孩子不诚信，首先要找到原因。比如做错了事，孩子担心父母责怪，就编点理由，或者是为了谋取父母的支持撒了谎。总之，找到了原因才好对症下药，才能找到正确的解决方法，从而帮助孩子意识到自己的错误。

古人云，人非圣贤，孰能无过。尤其是心智还不成熟的孩子，他们要熟悉这个世界，遇到的困难是超乎我们想象的。虽然每个父母也都经历过那段时期，可是很遗憾的是大多数父母都遗忘了自己当时的心境。很多时候孩子说谎也是有客观原因的，比如为了表现自己，以获得成就感，或者为了保护自己，避免父母的责骂等。孩子说谎的原因更单纯，较之成人他们说谎也更是容易，让孩子完全不撒谎也是不可能的。因此，这个时候父母的态度就很重要了。

法国思想家卢梭在《爱弥儿》中说：人在刚出生的早期阶段，也就是尚处于天真纯洁的时期，其所接受的感知，将对他的一生产生不可磨灭的影响。在孩子幼小时，每一个生活细节都可能成为蕴含重大教育意义的事件。亲子教育中无小事，每一件小事都是"大事"，都有可能对孩子的情商和智商发展产生重大影响。因此对于孩子诚信意识的培养，父母绝不能掉以轻心。

父母最不应该的是帮着孩子掩饰错误、推脱责任，否则会让孩子加速滑向不诚信的深渊。父母也不应该因为孩子说谎，就大光其火，失去冷静。孩子不诚信时，父母最重要的是让孩子认识到，说谎是错误的行为，是要付出代价的。正如林肯所说："你能欺骗少数人，你不能欺骗大多数人；你能欺骗人于一时，你不能欺骗人于永远。"

教育家马卡连柯认为，信任可以培养孩子的诚信。在教育孩子时，父母应该对孩子保持信任。即使孩子犯了错，父母也要一如既往地信任。孩子渴望被信任、被尊重，一旦我们选择相信孩子，孩子就会尽其所能地不辜负我们的信任。就算孩子犯了错，父母的信任也会帮孩子对抗说谎的冲动。这样的话，孩子就更容易养成诚信意识。

第四章 合格的父母
一定不要做哪些事？

　　如果父母已经放下大人的身份和意识，准备做孩子的玩伴，陪他一起玩游戏，那是最好不过了。但是，我们还需要给父母一些必要的提醒：如果父母不注意避开一些误区，很容易毁了一个游戏。可能这时父母还一无所知，不知道自己犯了大错，而孩子已经受到了伤害。陪孩子一起玩游戏，父母要做到认真、专注、热情，并真正体会到乐趣。只有这样的父母，才能在游戏中发挥作用，从而培养孩子的情商。

孩子们自己想出来的小游戏，蕴含了孩子
更多的兴趣和创造力。当妈妈拒绝了开汽车的
游戏后，其实是否定了孩子的创造力和兴趣。

第一节 避免拒绝孩子的游戏邀请

聪聪用两把小椅子一前一后地拼搭成了一辆小汽车。他先
是一个人开了一会儿，然后跑到妈妈身边，想要邀请妈妈陪他
一起开汽车。

聪聪对妈妈说："妈妈，我们来一起开汽车玩好不好？我做
司机，你做售票员。"但是妈妈手头有事，就对他说："妈妈正
忙着呢，聪聪自己去开吧。"

聪聪又独自玩了一会儿，又跑来找妈妈了："妈妈，陪我一
起开汽车。你来做司机，我来做售票员。"但妈妈还是拒绝了，
因为她正忙着。

妈妈忙完后，发现聪聪已经在玩变形金刚了，于是问他：
"你怎么不玩开汽车了？"聪聪说："开汽车一点儿都不好玩。"

重视孩子自己发明的游戏

聪聪的妈妈也许会后悔，因为孩子自发创造的游戏，比起变形金

刚来更有意义，对孩子的帮助更大。现成的玩具是将成人世界的思维方式灌输给孩子，孩子对它们是被动接受的。而孩子们自己想出来的小游戏，蕴含了孩子更多的兴趣和创造力。当妈妈拒绝了开汽车的游戏后，其实是否定了孩子的创造力和兴趣。由于孩子没有得到妈妈的回应，他很快就会转移兴趣。因为无法从游戏中找到更多的乐趣，所以孩子放弃了游戏。这是殊为可惜的事情。

孩子邀请父母玩游戏，这是善意的表现，是孩子做出交际尝试的第一步。这个时候，孩子敞开了自己，表示愿意接受父母的影响和指导。如果父母拒绝了，就失去了一个和孩子互动的好机会。父母本来可以抓住这样的机会，给予孩子有益的影响，加快孩子的情商发展的。父母影响孩子最有效的方式不是说教。在游戏中，孩子会展现自己的优点，暴露自己的不足，而通过游戏父母才能巩固孩子的优点，改正孩子的缺点。这些对孩子的一生都有影响，这也是亲子教育的重点。

为了让孩子健康快乐地成长，父母需要多和孩子做游戏，在游戏中进行沟通交流。当孩子来请爸爸妈妈参与自己的游戏时，父母千万不要不耐烦地说"自己去玩"或者是"我没兴趣""没空"。如果父母认为游戏是小孩子玩的，跟自己没有关系，那么会让孩子受到伤害，挫伤孩子玩游戏的积极性和孩子对你的信任感。这反过来会影响亲子关系，父母也会成为受害者。

其实，和孩子做游戏是很简单的事情。相对于成人世界的应酬，它简直就是举手之劳。父母唯一要做的，就是拾起自己的童趣，和孩子一道投入游戏中，忘掉自己的烦恼，体验游戏的乐趣。和孩子一起玩，并不需要多么高档的玩具，一张纸、一张板凳、一堆橡皮泥，都可以玩得不亦乐乎。所以，请父母不要拒绝孩子的游戏邀请，每天坚持陪孩子玩一会儿，哪怕只有五分钟，对孩子的成长都是非常有益的。

用孩子可接受的态度回绝

如果真的无法抽身陪孩子玩游戏，比如有客人在，孩子却要你陪他一起画画，你可以委婉地拒绝。你一定要用孩子可以接受的态度回绝孩子，不能让孩子感到失望。比如，这个时候父母可以这样说："妈妈有客人在，你画好了给我们看好不好？"或者是征求客人的意见，既不中断聊天，也可以一起看"孩子是怎么画画的"，给予孩子及时的反馈。

游戏是孩子的天性。父母陪孩子一起玩，不仅可以增进亲子关系，还可以增加孩子的自尊与自信，让孩子心理更健康，情商更发达。孩子热衷于游戏，也不仅仅是为了快乐，他们可以在游戏中学会许多东西，智商和情商都得到了提高。鲁迅先生说过："游戏是儿童的天性，是必须的，有时甚至大人也是需要游戏的。"通过参与孩子的游戏，父母们可以和孩子建立良好关系，增加孩子的安全感和信任感，便于孩子更好地接受父母提出的要求。父母也可以更好地了解自己孩子的情商指数，并给予孩子及时的纠正或引导，促进孩子各方面能力的提高。

当孩子向父母发出游戏邀请时，来自父母口中的"不"，对孩子成长的影响是巨大的，可能会影响孩子的一生。作为孩子最亲密的人，父母的赞美和认同对孩子很重要。游戏在孩子的生活中占有十分重要的地位，被拒绝后，孩子很可能会产生被遗弃感。不信任的种子也许就在不经意间种下，亲子关系和孩子的情商发展会受到影响。因此，高情商的父母做孩子最好的玩伴，首先要做的就是，不要轻易拒绝孩子的游戏邀请。

游戏之所以对孩子的智商和情商发展很重要，是因为无论对错，孩子都能从中受益。父母的插手只会让孩子不知所措。

第二节　避免无视孩子的天性，做游戏的操纵者

邻居养了条小宠物狗。天天对小动物有种天然的亲切感，很喜欢和小狗玩。爸爸担心小狗有什么传染病，或担心它咬伤天天，就禁止天天和小狗玩。天天很不解，爸爸跟他解释说，和小狗玩很危险，因为被小狗咬了会得病。

但是天天希望能陪小狗玩，他说："猪猪和我很熟，它是不会咬我的。"但是爸爸还是不由分说地将天天和小狗隔离开了。有的时候路上遇到了，爸爸也会挡在天天和小狗之间。虽然他们都看着对方，都很想在一起亲近玩耍。

很久之后的一天，爸爸发现天天在玩两只玩具狗，边玩还边自言自语。他称一只狗是猪猪，是他的朋友，不会咬他；另外一只狗叫"疯狗"。猪猪在告诫那只疯狗，不准咬天天。

孩子很聪明，现实中不能满足的情感，他会转移到游戏中。不过成人的喜恶还是会影响他，所以他创造了一只"疯狗"，既遵循了自己的意愿，又顺从了大人的告诫。这样一来，

他部分地满足了自己想与小狗一起玩耍的愿望。

不要强制安排孩子的游戏

什么游戏是孩子感兴趣的，什么游戏是孩子一点也提不起劲的，这些都需要孩子来自主选择。然而，很多家长会无视孩子的天性，强行依照自己的经验和价值观给孩子安排游戏。在对孩子游戏的选择上，父母容易犯强制安排选择的错误。一个喜欢在户外玩沙子的孩子，却被家长天天关在家里玩积木。试想，孩子怎么能通过他不喜欢的游戏来发展自己的情商和各种技能呢？

不要随意操纵游戏的进程

此外，在游戏过程中，孩子是游戏的主导者，而父母只是参与者或引导者。父母和孩子在一起玩游戏，千万不要从自己的角度出发，随意操纵游戏的进程。比如玩积木放置游戏，目的是帮助孩子熟悉物体形状。孩子最初可能会想把圆的积木从方形口里放进去，如果这个时候父母失去耐心，替孩子着急，告诉孩子应该怎么放，甚至直接代劳，游戏就失去了原本的意义。游戏之所以对孩子的智商和情商发展很重要，就是因为无论对错，孩子都能从中受益。父母的插手只会让孩子不知所措。

不要干涉孩子的矛盾

有时候父母还喜欢扮演游戏纷争中的仲裁人角色，这其实也是一种操纵。比如孩子们在游戏中争抢玩具时，很多父母担心孩子处理不好，会出面干涉。其实在游戏中出现争执纯属正常，在这些小争执中，孩子可以逐渐学会交换玩具、互相谦让以及遵守游戏规则等解决问题的方法。这对孩子的成长是很有益处的。

如果父母出面保护自己的孩子，要回被伙伴抢去的玩具，不仅损害了孩子的自尊心，同时也破坏了友情，导致孩子容易产生孤僻、刻薄及心胸狭窄等性格弱点。如果父母总是劝说自己的孩子把玩具让给小伙伴，又有可能导致孩子变得自卑、怯懦、不自信。这些对孩子的成长都很不利。

父母必须明确，尽管自己要做孩子忠实称职的玩伴，但孩子才是游戏中当仁不让的主角。游戏是孩子学习技能、了解世界的平台。孩子在游戏中的表现，决定了他日后的表现。一个专注于游戏的儿童，长大后必然也是品质优秀的人。福禄贝尔说："孩子的游戏，不是无关紧要的。它是非常严肃的，而且意义深刻。游戏，是一切未来生活的胚芽。"所以，父母应该尊重孩子的天性，不要贸然成为孩子游戏的操纵者。

对于孩子来说，生活中的任何事情都可以是游戏。孩子的很多做法可能会让父母感觉十分困惑，进而进行干涉。然而，这并不是明智的做法。父母要做的，是作为大玩伴，参与孩子的游戏，但要让孩子成为游戏的主导，控制整个游戏的进程。父母只是配合孩子的游戏，并利用合适的时机给予孩子一些意见，在不破坏游戏规则的前提下，培养孩子各方面的能力。在公平的游戏方式中，孩子是掌控者，他可以接受或者拒绝父母的建议。父母千万不可对游戏横加干涉，这样才能培养孩子的主动性、积极性、独立性和创造性。

尽管玩游戏在孩子的成长中很重要，但父母还是会因为安全、卫生等理由，干涉、控制孩子的游戏内容和方式，无形中限制了孩子的心智成长。英国的一项调查数据显示：33%的英国孩子觉得，想要保持衣服的干净，只能尽量不要到户外玩耍；72% 的英国孩子认为，为了避免父母责备自己，要跟一些容易弄脏衣服的游戏说再见；66% 的英国父母承认，如果孩子在游戏中搞得很脏，自己会觉得很失败，没有面子。中国父母控制孩子游戏的情况，有过之而无不及。这些都该引起父母的反思和警戒。

父母以危险、不卫生、对学习没有帮助等为理由，对孩子的游戏加以限制，只会挫伤孩子的好奇心和积极性。与孩子建立平等的玩伴关系是亲子游戏的最高境界，只有这样，才能更好地调动孩子游戏的积极性，让孩子在游戏中通过模仿与创造来学习技能、培养情商。

不要用唠叨去打断孩子的游戏

现在产生心理问题的学生越来越多，90% 的心理疾病的病因都在父母身上，其中因母亲唠叨而发病的占 60%。

心理专家认为，唠叨与人的生理状况有关。一个人年长之后，其神经系统的自控能力降低，不但想到什么就得说出什么，甚至即使周围没有人，这个人也会唠叨个不停。人们大多数的唠叨指向的是一种心理问题。爱唠叨的人通常缺乏自制能力和心理承受能力，会把自己感受到的心理压力通过唠叨这种方式发泄出来或者转嫁给别人。

爱唠叨的家长还面临着一个最重要的问题：他们不知道怎样和孩子进行有效的沟通。他们往往沉浸于表达自我感受，却忽略了孩子的感受。比如说，看到孩子在看动画片，不去做家庭作业，父母就会反复对孩子说"快去做作业"。尽管孩子早就说过，"看完这一集后就去做作业"，但因为父母不停地唠叨，孩子就生出了厌烦心理，甚至故意不做作业了。

当孩子犯错时，有的父母不能做到就事论事，而是喜欢翻旧账。父母把此前孩子做错的许多事都拿出来说并不停唠叨，结果让孩子产生了抵触心理。其实，孩子犯一些错是正常的，孩子就是在不断犯错的过程中成长起来的。对于孩子犯的错，父母应当一事一议，不能乱说一通，更不能反复去唠叨。

在孩子身体发育的阶段，有些事情会特别容易激发孩子的不良心理反应。唠叨就是其中最为常见的事情之一。在唠叨中，孩子会产生很多心理疾病，要么在唠叨中沉默，变得越来越孤僻、自闭，要么在唠叨中和唠叨的父母一样，慢慢也变得唠叨起来。

父母的爱是最无私的。他们一心一意为孩子着想，大事小事都为孩子安排得妥妥帖帖。当孩子犯了错，他们反复劝说，也很累、很辛苦，但是孩子往往不领情。这是因为听多了重复单调的话，孩子首先会产生心理疲怠感，进而产生厌倦与反感，接着就是满不在乎。唠叨的正面效果微乎其微，而负面效果却可能呈几何级数增长。

父母爱唠叨，后果很严重。在孩子年幼不懂事的时候，父母的唠叨会使其产生不自信、自尊感差等心理问题。孩子会认为，反正父母爱唠叨，什么事都要管，慢慢地就会产生依赖心理，因而变得懒惰、散漫，没有责任感。父母唠叨过多，孩子就算听从了父母的话，也会在内心产生抵触或怨恨等负面情绪，让亲子关系受到破坏。

聪明的父母绝对不会在孩子游戏时，对孩子提出过高的要求，他们只希望孩子享受游戏。

第三节 避免给孩子的游戏设置附加值

有个 3 岁的孩子，会背几十首唐诗，还会说简单的英语对话。这孩子智商很高，但与人交往的能力远远低于同龄孩子。无奈之下，孩子的父母请来了心理专家。当孩子见到这位陌生的专家时，竟紧张地尖叫起来，胆怯地躲在家人身后。心理专家发现，这个孩子已经患有恐惧症、焦虑症等严重的心理疾病。

原来这孩子一出生，就在四代同堂的大家庭中生活。所有的长辈都对孩子寄予了莫大的期望。孩子虽然有很多玩具，但他的游戏中有很多"附加值"：需要在拼图游戏中看图识字，在玩积木游戏中学会简单的算术，甚至在玩变形金刚的时候，玩具身上都贴有英文名字。久而久之，孩子在游戏中得到的快乐越来越少，心理障碍也越发明显。

让孩子玩游戏，但是孩子体会不到游戏本来的乐趣。父母和长辈就这样摧毁了一个孩子天真的童心。

这个事例说明，当下很多亲子教育已走入误区。许多父母对孩子期望过高，忽视了孩子爱玩的天性。他们一心培养孩子的智商，却忽略了情商的培养，结果造就了一个"小病人"。作为父母，应遵循孩子的身心发展特点，并从实际情况出发，采取孩子乐于接受的方式，寓教于乐，让孩子在玩乐中成长。父母不可急于求成，更不能拔苗助长，否则只会给孩子带来终身的遗憾。

孩子的这些行为不是在捣乱

游戏是孩子学习的最佳方式，也是培养孩子情商的最佳训练方法。在游戏中，父母不应以自己的价值取向，来对孩子的游戏提出要求，追加游戏的"附加值"。正确的做法是，父母应让孩子充分发挥他的想象力与创造力，充分享受游戏的乐趣，做游戏的主人。

父母应该意识到在游戏中的"不听话""犯错误"，都是孩子成长过程中很正常的一部分。例如，当1岁的孩子正在不停地开关电视，爸爸正在和一个客人聊天时，爸爸很不高兴，对孩子说："不可以碰电视！"孩子却像没听见一样，把电视机一次次打开又关上，这让爸爸很是不高兴。其实孩子并不是在故意犯错，他只是沉浸在"我能开电视了！"这样简单的快乐中。父母们经常犯的错误，是把孩子天真的探索行为看作是有意的捣乱。

学会享受游戏

父母们经常犯的另一个错误是对孩子期望过高，以为孩子能理解自己的命令，立刻停止"糟糕透了"的行为。

119

孩子这么做，只是因为他发现了一个游戏，并且从中得到了很大的乐趣。而父母总是希望孩子能够更懂事，这不是聪明的做法。父母都会对孩子有所期望，但这些期望可能是孩子的动力，也可能是孩子的压力。聪明的父母绝对不会在孩子游戏的时候，对孩子提出过高的要求，他们会希望孩子"享受游戏"。而且，不仅是孩子应该享受游戏，父母也要享受游戏。

父母在期望之时，最好能结合孩子的发育水平、兴趣范围、个性特征。父母要记住，期望只和孩子个人有关，与其他的孩子表现如何无关。此外，父母也不应该在孩子未到达一个发展阶段时，就期待他们能有那种作为。比如说，有些父母会期待一个还不知道分享为何物的婴儿与其他人分享玩具，期待孩子能与其他人融洽相处。这样的父母不切实际，对孩子的心理简直是一无所知。他们需要接受再教育。

家长对自己的孩子有很高的期望，但有时期望过高反而会引发孩子的情绪问题。"爱，有时也会成为一种伤害。"心理学家通过临床观察，发现孩子心理问题的产生，与父母对他们的期望关联很大。

影响孩子心理健康的因素中，父母是首要因素。父母应该注意自己的言行，对自己的角色要有正确定位，不要让过高的期望伤害了孩子。期望过高并不能给孩子带来有益的帮助，反而会增加孩子的压力，诱发各种心理问题。只有多关心孩子，给孩子自信，孩子才会越来越接近父母的期望。

厌倦和敷衍，在游戏中是会传染的。当父母对游戏敷衍了事的时候，孩子会很快感觉到，同时也会对游戏失去兴趣。

第四节　避免对孩子的游戏敷衍了事

娟娟喜欢玩"你拍一，我拍一"的游戏。这天晚上，虽然妈妈和她一起玩了一会儿这个游戏，却总是心不在焉的。原来妈妈正在网上看一部电影，刚看到一半就被娟娟打断了。

因为妈妈不愿意让娟娟失望，于是暂停了电影来陪娟娟玩游戏。由于妈妈老是出错，娟娟玩了一会儿就觉得很没劲，一点儿也不想玩了。妈妈也想着电影，见娟娟兴致不高，就去看电影了。当妈妈看完电影时，发现娟娟一个人在生闷气，可妈妈并不知道问题出在自己身上。

游戏是孩子生活中的重要内容，孩子对游戏投注的热情是巨大的。孩子希望自己的玩伴能和自己一样热情高涨，享受到游戏的乐趣。可惜父母总是有自己的事情要做，即使答应了和孩子一起玩游戏，也总是被打岔，不能尽兴地玩一回，让孩子很是失望。

孩子虽然年幼，但是他也遵循很多准则。特别是对待游戏时，孩子总是异常认真的。当孩子请求爸爸妈妈参与游戏时，虽然父母已答应，但在游戏中却表现得漫不经心。有时需要孩子提醒该干什么，父母才如梦初醒似的应付一下。这会给孩子带来伤害。

不要忘记答应孩子的事

父母答应孩子的事情，应该认真对待，这也是一个诚信问题。一位著名的经理人在休息日接到了秘书的电话。秘书告诉他，一个大客户的总裁来到了纽约，想见一下这个经理人。因为两家公司正在商谈一次合作，所以总裁到来的意义不言而喻。但是这位经理人告诉秘书，他很乐意在休假后见到这位总裁，如果到时他还在纽约的话。

秘书提醒他，这位总裁对公司很重要。但是经理人告诉秘书，休假对他也很重要，因为他答应了自己的孩子要在这天陪他去儿童乐园。"我不想言而无信，哪怕对方是个孩子。"等到经理人上班的时候，他在办公室见到了这位总裁。总裁告诉他，对孩子都讲诚信的人，肯定是一位好的合作伙伴。一份上千万美元的合同就这样敲定了。

千万不要因为孩子年幼，父母就过于随意地答应孩子一些事情，结果却食言。比如，有时候孩子会求父母"带我去欢乐谷吧"或"我想去海洋馆"，父母不能含糊地说，"过些日子领你去"，而应该清楚地告诉孩子，"最近我工作很忙，等到下个月就带你去"。给孩子讲明理由，获得孩子的理解，然后让孩子学会忍耐。耐着性子等待，对孩子来说是非常好的经历，不过父母千万不要忘了自己答应孩子的事情。

真正参与孩子的游戏

在游戏中，父母一定要扮演好自己的玩伴角色，别让孩子觉得你是在敷衍他。因为敷衍不仅会让孩子对你失去信任，也会让他对游戏失去兴趣。厌倦和敷衍，在游戏中是会传染的。当父母对游戏敷衍了事的时候，孩子会很快感觉到，同时也会对游戏失去兴趣。

既然答应了孩子参加游戏，就应真正参与进去，而不是随便应付。在游戏中就要投入，不要做别的事情，如聊天、打电话、上网等。父母应该像开会一样，关了手机、一心一意地陪孩子玩好游戏。这才是最好的玩伴应该做到的事情。我们在生活中、工作中处处讲究诚信，对于孩子，就更要讲究诚信了。孩子模仿能力极强，有时父母不经意的一句话、一个动作，都会被他记住，更何况是经常重复的敷衍欺骗呢！既然答应和孩子一起玩游戏，就不应该让孩子失望。父母有其他重要紧急的事情，而无暇顾及孩子的游戏时，可对孩子讲明。

当父母抱怨自己的孩子爱撒谎、不诚实的时候，有没有想过根源可能是出在自己身上？父母是孩子最初的老师，要想让孩子做到诚实守信，父母首先要以身作则。例如对孩子的游戏敷衍了事，对孩子的许诺言而无信，都会给孩子造成不好的影响。

父母是孩子的第一任老师，其一言一行都对孩子影响深远。古时候有"曾子杀猪，以信教子"的故事，说的是曾子因为妻子给孩子许下的诺言而把猪杀了。他对妻子解释道："对孩子应该说到做到，否则不是鼓励孩子撒谎吗？大人言行不一，就没有资格教育孩子。"曾子用他的言行告诉所有的父母，对孩子更要言而有信。

父母自己要做到诚信，不应该随意对孩子许诺，若答应了孩子则一定要做到。如果因为客观原因兑现不了，父母也应及时向孩子解释、道歉，取得孩子的谅解。

那些喜欢用异常行为来引起大人注意的孩子，可能在婴儿期就曾受到成人的捉弄，极度缺乏安全感。

第五节 避免用奖励或者惩罚的手段毁了游戏

松松在玩遥控小汽车。爸爸看见了，就对松松说："如果你能让小汽车爬到第二级楼梯上，我就给你买一个变形金刚玩具。"松松早就缠着爸爸要买变形金刚了，听爸爸这么说，他就放弃了自己原来的玩法（让汽车直行、倒退、转弯、转圈），一心想要让汽车爬上第二级楼梯。虽然松松很想得到爸爸的奖赏，但是松松不知道小汽车是爬不上第二级楼梯的，除非是有人来帮它。他在那里忙了半天，没想到是给爸爸找乐子。

捉弄会让孩子产生不安全感

很多成人对待孩子的游戏态度非常不好，有捉弄的嫌疑。这对孩子的情商和各方面技能的发展非常不利。心理学家说，一个受到成人操纵的孩子，往往也会学会操纵成人。孩子喜欢操纵成人，不是因为孩子天性狡猾，而是一种模仿。从另一个角度来看，如果成人总是利用孩子的天真无知来捉弄孩子的话，那么孩子会产生一种不安全感。

缺乏安全感是以后孩子试图操纵成人的重要原因，因为他们需要引起大人的注意，达到被重视和爱抚的目的。那些喜欢用异常行为来引起大人注意的孩子，可能在婴儿期就曾受到成人的捉弄，极度缺乏安全感。

　　游戏是孩子生活的一部分。如果父母能以"寓教于乐"的方式教导孩子，扮演好玩伴的角色，随时随地地关心孩子的游戏活动，给予孩子适当的建议与引导，让孩子玩的游戏既有趣又有意义，让他们能在游戏中快乐成长，孩子的情商和其他技能得到长足的进步。如果家长利用权威操纵游戏，或者利用孩子的无知而使用奖励或者惩罚的手段来操纵孩子，只会让孩子产生恐惧，缺乏安全感。这样的行为对孩子的成长非常不利。

主动参与并关心孩子的游戏内容

　　父母主动参与到孩子的游戏中，不仅能使孩子体验到来自父母的爱和尊重，而且可以促进良好的亲子关系。亲子游戏对孩子日后的人际交往和社会化有重大影响，可以说会影响孩子的一生。父母要明确，孩子才是游戏的主角。父母作为参与者，只能发挥引导和建议的作用。

　　爱玩是孩子的天性，孩子每天都需要游戏。游戏是孩子成长中最重要的心理需要之一。父母应该努力成为孩子最好的玩伴，在游戏中培养孩子的情商，让孩子健康快乐地成长。孩子天性活泼好动，若禁止他们游戏，可能会影响他们身心的发展。孩子不需要太大的压力，游戏可以说就是孩子的学习、工作和生活，其意义是不言而喻的。游戏对孩子有四大好处：在生理方面，游戏促进孩子身体的健康发展；在情绪方面，适当的游戏活动，能够完善孩子的情商；在心智方面，游戏可以增加知识、锻炼能力；在人际交往方面，游戏可以培养孩子多种品德，建立良好的人际交往习惯。

总之，游戏对孩子的一生有着重要意义。为人父母，不仅不应忽视孩子的游戏，还要时时主动关心孩子游戏的内容，随时给予鼓励或指导，让孩子在游戏的过程中，获得全面的发展。

孩子是有自尊、有思想的人，不是成人的"玩具"。父母和其他成人都不该拿孩子"找乐儿"。拿孩子的天真取乐，让孩子模仿大人，不仅说明成人不尊重孩子，同时也让孩子的信任感和安全感受到伤害，影响了孩子的健康成长。

第五章 优秀的父母
一定要做哪些事？

　　孩子玩游戏不仅是一个训练的过程，也是自我心理反馈的过程。孩子通过游戏获得快乐和能力的提升，同时也常常会暴露出"自私""嫉妒""焦虑"等心理符号。如果父母不加以指正和引导，会使孩子的不良心理特征被无限放大，致使本末倒置。同样的，游戏中的孩子也会体现出孩子"善良""礼貌""无私"等心理符号，此时的父母若能及时发现并予以鼓励，会使孩子的情商得到进一步发展。不管父母是否参与孩子的游戏，及时发现孩子的心理特征，认真解读孩子的心理符号并引导其向有利的方向发展，都是和孩子一起做游戏时不可或缺的环节。

每一个人都有自己的童年。可人们一旦长大，就把自己的童年忘了，一味地以成人的标准去要求孩子。

第一节 仅仅熟悉还不够，还要让孩子觉得你有趣

有一次，华仔的几个同学来家里玩"捉迷藏"游戏。华仔躲在书架里，不小心把一个很贵重的礼品风车打碎了。华仔害怕地赶紧停止游戏，并把几个同学都"赶"走了。华仔知道，一贯严厉的爸爸肯定不会放过他。

等老爸从车库走出来，发现一地的"残骸"时，华仔早已躲在一旁瑟瑟发抖了。果然，老爸把华仔大骂了一顿，还罚他以后每天放学回家只许看书和写作业，不准看动画片。

华仔的爸爸本以为这样的严厉管教能使孩子的学习成绩有所提高，可结果并不是他想象的那样。华仔的成绩反而大步后退了。不仅如此，华仔也逐渐变得孤僻，不爱跟别人说话，父母问一句他才答一句。

这可把华仔的爸爸急坏了。经过半年时间，爸爸终于意识到自己的问题并改变了教育策略，不再严加管教，而是做华仔有趣的"玩伴"。爸爸开始把华仔的一举一动都看在眼里，适

当给予鼓励，甚至跟华仔开玩笑。爸爸严肃的形象逐渐被孩子淡忘……

这天，爸爸特意叫了华仔的几个同学来家里做客，还提议跟他们一起玩捉迷藏游戏。爸爸像个孩子一样躲在后院的一个大缸里（事先准备好的）。结果被发现后，由于身体太大、缸口太小，爸爸出不来了。几个小朋友就学"司马光砸缸"那样把缸给砸了，并笑翻了天。从那以后，孩子们经常来华仔家玩，华仔的父母也变着花样和孩子们一起玩。

把自己当成孩子

华仔的爸爸一改以前的形象，积极主动地参与到孩子的游戏中。作为孩子的父亲、一个成年人，他不仅是团体游戏的一个伙伴，还是一个心理调节者、智力启发者。华仔和小朋友们通过游戏从华仔父亲那里获取了更多的知识、经验、想象力和创造意识，也有了更强的求知欲、好奇心和自信心。

这种改变是卓有成效的，很多亲朋好友的孩子和附近的小朋友都喜欢去华仔家玩。虽然华仔的年龄很小，但是华仔的父亲很能跟孩子们打成一片。而华仔父亲的努力，也让华仔变得很有礼貌，变得善于和别人交往。许多小朋友都很羡慕华仔，因为去华仔家会玩得很尽兴，华仔的父母也很有趣，会和他们一起玩各种各样的游戏。即使华仔的父母不玩，也不会干扰孩子们的玩乐。

华仔为什么人缘这么好，还有这么多的优点？这都要得益于他的两个有趣的父母。华仔的父母很会替华仔着想，也能够站在孩子的角度去考虑问题，因此对华仔的心理把握得也很精准。华仔的伙伴们都觉得华仔父母很有趣，华仔家因此人来人往，大多是一些"小客人"。华仔在朋友圈里人缘越来越好。他不断地扩大自己的交际圈，简直就是个"小交际家"。

我们知道，培养孩子的交际情商，可以让孩子做团体游戏，让孩子在游戏的角色中增强交往能力，但并不是所有的父母都能达到预期的目的。许多父母没有收到成效或者效果并不理想，其实这跟父母有很大关系，因为父母也是游戏中的一员。如果父母是乏味的人，或者只是为完成任务，而死板地参与游戏，孩子就会受到影响，很难轻松愉悦地享受游戏，更不用说通过游戏培养情商了。

有些父母本身就不善于与人交往，平时很少与外界接触，亲戚之间几乎不走动，朋友也不多，和对门邻居住了许多年没打过几次招呼，见了陌生人常常不知所措。有人来家里串门，父母通常也就是几句寒暄了事。这样的父母，自然也很难通过游戏提高孩子的交往能力。

有些父母与孩子玩不到一起去，甚至跟孩子关系闹得很紧张，原因就在于他不懂得把自己当孩子。很多父母常用成人的眼光去看孩子，用成人的标准去要求孩子，把孩子当成"小大人"，这会造成父母和孩子之间隔阂，当然也不利于孩子在游戏中成长。

每一个人都有自己的童年。可人们一旦长大，就把自己的童年忘了，一味地以成人的标准去要求孩子。如果父母能够经常回忆自己的童年，将心比心，遇到问题替孩子设身处地想想，就很容易在孩子们的心目中变得和蔼可亲，在团体游戏中角色的扮演也会变得轻松有趣。一个轻松的游戏很容易激发孩子的交际情商，一个有趣的团体游戏则让孩子更容易进入角色扮演。

在日常生活和游戏中，父母的这些做法无疑会潜移默化地影响孩子。如果父母在游戏中表现得死板乏味，孩子也会逐渐养成内向、孤僻的性格。相反，如果父母在游戏中表现得很活跃，让孩子觉得很有趣，那么孩子也会慢慢变得有趣，在游戏中扮演角色自然也会很轻松。

喜欢模仿是孩子的心理特点，同时也是他们的一种重要学习方式。在生活中，父母是孩子进行模仿的主要对象。父母的言行举止、待人接物的方式及态度都直接或间接地影响着孩子。父母作为游戏中的一员，如果能够起到活跃游戏气氛的作用，在游戏中与孩子充分互动，就能帮助孩子通过游戏提升交往能力。如果父母个性开朗、喜欢交往，与他人相处友好，孩子耳濡目染、潜移默化，就会自然而然地去模仿父母的交往行为。相反，如果父母个性孤僻、生活闭塞，与别人很少交流，孩子也就很容易去模仿这样的方式。因此，父母要注意自己的言行，努力使自己在孩子眼中变得有趣，同时要以身作则，帮助孩子进入游戏角色，提高游戏训练的效率。

不干涉和限制孩子

有些孩子不善于与人交往，是由于受到了父母过多的干涉和限制。有些父母认为，孩子只要把学习搞好就可以了，孩子学习好了一切就都好了，人际交往只会使孩子劳神分心，完全就是得不偿失的事情，于是他们就会经常限制孩子与别人来往。有些父母担心孩子会跟别人学坏，喜欢对孩子所交的朋友一一筛选，这个孩子不能交，那个孩子要少来往。孩子本来朋友就不多，经过这么一筛选就更加没有人可以往来了。有些父母不喜欢孩子带同学到家里来，不是嫌弃孩子们把地面搞脏了，就是嫌弃孩子们乱翻东西，更有甚者居然毫不留情地将孩子的小伙伴们"请"出家门。

　　可是，父母经常如此表现，孩子还怎么与人交往？别的孩子又怎么能够愿意与孩子做朋友呢？因此，父母千万不能让孩子的小伙伴感觉到恐惧或无趣，而是应该变成孩子们有趣的、受欢迎的好玩伴。这样，你的孩子才会也变成一个受欢迎的人。

　　要想成为孩子的玩伴，父母先得成为孩子的朋友；要想成为孩子的朋友，父母先要把自己当成孩子，站在孩子的立场上，用孩子的目光看待问题。

　　富有情趣的父母的情商指数一般都很高。他们会理解孩子，快乐地投入到与孩子的游戏中，并巧妙地处理游戏中的一些"突发症"和"后遗症"，让孩子更乐于和自己在一起玩。这对融洽亲子关系和培养孩子的情商都是很有帮助的。

这样的孩子没有自我内心的调节能力。他觉得不被接受，就必须不断证明给自己和其他人看，必须每天想出新花样来争取关注。

第二节　善于发现孩子在游戏中的异常行为

宁浩和小朋友一起玩游戏的时候，经常发出怪异的笑声。妈妈就跑过去说，和小朋友好好地玩，不要这么没礼貌!

于是宁浩不再喊叫，可他又开始没事就到厨房，一会儿摸摸瓶子，一会儿打开一包方便面。妈妈又生气了，告诉宁浩不能怠慢了其他小朋友。不管妈妈怎么劝，宁浩总会让妈妈觉得头疼、烦躁。

一开始妈妈以为是自己不够耐心，没好好教导宁浩。可是事情并非如此，经过爸爸在网上查询和向医生咨询，才知道孩子的这种异常行为其实是想引起妈妈的注意。

在孩子看来，他的异常行为或令人不悦的行为是值得的，因为他的目的是得到更多的关注。至于选择做出哪些异常行为则没有太大差别。每个小孩都有其个人特质，每位爸爸妈妈也有其特别脆弱的一面。孩子常常能清楚地感受到，哪一种行为最能让妈妈或爸爸感到不安。父母越是焦虑不安，孩子就越"占上风"。

　　造成宁浩行为异常的原因就是妈妈平时很忙，对宁浩的关爱不够。因为关爱不仅仅是让孩子吃好、睡好、玩好，更重要的是多与他沟通，了解孩子内心的想法，及时化解孩子的不良情绪。

　　后来，妈妈经常跟宁浩聊天，倾听他说话，宁浩也不再像以前那样总是做出怪异的行为来引起妈妈的注意了。为此，小朋友们也更乐意来宁浩家玩了。

适当让孩子承担后果

　　有些孩子在游戏中表现得很"强势"，每次游戏都必须是自己胜利，如果输了就瞎胡闹。这样的孩子其实是在"追求权力"，他会觉得自己很强，因为在权力斗争时，在与别人较量时，甚至是跟大人较量时，他常常是胜利者。但这种"权力"跟真正的自信无关。这样的孩子没有自我内心的调节能力。他觉得不被接受，就必须不断证明给自己和其他人看，必须每天想出新花样来争取关注。

　　每个孩子都有缺点，会在生活中表现出或多或少的异常行为。但是，由于日常生活的重复性和单调性，父母很难注意到孩子的异常行为，甚至把它当作孩子的"天性"而轻易忽略。而在游戏的角色扮演中，只要父母有心去注意，就很容易发现孩子的异常行为。因为游戏有一定的规则，在固定的游戏规则里，孩子的异常行为很容易暴露。父母应该及时发现这些信号并认真对待，再想办法帮助孩子去矫正，以促进孩子的健康成长。

　　对于父母而言，遇到孩子的异常行为，应该从冲突中退出来，不要与孩子继续争斗或向他投降，也不要生气。可能的话，让孩子经历一下不良行为或异常行为所造成的后果。父母应该避免和孩子的正面冲突，可以在事后询求孩子的意见和建议，使自己成为孩子的好玩伴，那么孩子就没有人可以作对了。

如何发现孩子的异常行为

要想在游戏中发现孩子的异常行为，最好的办法就是父母积极参与孩子的游戏，与孩子形成互动，在实践中观察和指点孩子。孩子在角色扮演时，有时会对自己的角色不够满意，比如在"警察和小偷"游戏中，孩子大多喜欢扮演"警察"。倘若孩子被安排扮演"小偷"，心里就会有落差。而恰恰是这个时候，孩子在扮演自己不喜欢甚至憎恨的角色时，更容易暴露出日常生活中不被人察觉的异常行为。

有这样一个孩子，居然在每次的角色扮演中，都喜欢扮演"小偷""强盗""妖怪"之类的角色，这让孩子的父母很是疑惑。要知道，这个孩子才4岁。父母后来咨询了心理分析师才得知，孩子平时跟大人看多了枪战片和武打暴力片，这对孩子的影响很大，且很有可能增强孩子的暴力倾向。

其次，有计划地带孩子去旅游。在陌生和放松的环境中不仅有助于孩子结交陌生的小朋友，也有助于父母在他的"第一次"中发现异常的行为。家庭的圈子毕竟不够大，不足以让孩子展露更多的面貌在学校里，父母也没有条件去跟踪发现。

此外，父母在参与孩子的游戏时，为了更清晰地发现孩子的特性，可以适当地做一些有针对性的训练，比如在游戏中故意制造麻烦，看孩子如何去应对。在游戏中，父母也可以和孩子互换角色，以身作则。若发现孩子在游戏中的异常行为，父母应及时做出正确的引导。

孩子的能力可以在游戏中得到训练，孩子的很多情商缺陷也会通过异常行为表现出来。作为父母，我们要及时地去发现、解读孩子的心理符号，各个击破，把孩子带入正确的轨道。有些父母觉得孩子非常聪明、智力非凡，因此在孩子的一些小毛病上采取忍让的态度，以为这样就可以让孩子顺心，以便让他更好地发展自己。

其实不然，智商和情商是不相关的。即便孩子的智力超常，若他做事情的时候情绪混乱，肯定是有事情在他身上发生了，或者他遇到了什么困难。如果父母不及时帮助孩子去解决，时间越长，问题越深，越难以克服。以后走上社会，在他身上表现出来的就会是一个"顽症"，将影响他的一生。

几种典型的异常行为

攻击欲望强

心理学家指出，攻击欲望是生命体的自然反应。孩子很小的时候就会流露出攻击欲望，不过很多父母忽略了这些现象。比如，孩子撕书的行为在能够拿起书本的时候就出现了。他们对自己很喜欢的书籍也会毫不留情地撕毁。虽然心理学家认为这可能也是孩子在锻炼自己的感官协同能力，但是这种锻炼显然有点失当。

个体之所以出现攻击欲望，和安全感的缺乏息息相关。很多父母在亲子教育中存在一个误区，以为孩子失去安全感，就会表现出恐惧，会躲藏起来，不和人交往。其实并不完全如此，当缺乏安全感的时候，儿童由于自控能力缺乏，反而更容易表现出攻击欲望。比如，现在校园暴力现象越来越多，也越来越呈现出低龄化的趋势，这些是孩子攻击欲望强烈的体现。这固然和社会整体环境有关，但最主要的还是亲子关系、家庭教育有关。

这些孩子的家庭环境有一个共同点：气氛冷漠，缺少爱。有很多这样的孩子是来自单亲家庭，父爱和母爱都很缺少。也有一些是双亲家庭，不过父母给予他们的爱出了问题，并没有让孩子感到足够的安全和温暖。如果孩子从小因为缺乏安全感而表现出来的攻击欲望没有得到父母的及时纠正，他们就会成为问题孩子。

孩子的攻击欲望，除了表现在撕书这样的攻击行为，也表现在摔打玩具，在花园里摘花，打骂宠物，甚至打父母的脸等方面。虽然这些行为因为孩子的能力弱小，不会带来太大的伤害，但是会"让人感受到他们的怒气和邪恶"。撕书是一个最好的例证，书被撕坏了，这是一种破坏。孩子面对自己的战果，感到了满意，这是典型的"获胜的感觉，在孩子的潜意识里苏醒"。

父母只要认识到孩子之所以出现攻击欲望和行为，和他们缺乏安全感有关就好了。同时，父母也应该认识到不爱孩子，或者爱得不适当，都会诱发孩子出现这样的极端行为。父母除了要了解这些行为背后的秘密，更重要的是要及时发现孩子的异常表现，及时调整。当孩子第一次流露出自己的攻击欲望时，比如撕书，父母谨记不要对孩子大声斥责，但也不能视而不见，而要严肃地告诉孩子，撕书的行为是不对的。并且为了加深孩子的印象，要采取弥补措施，例如父母可以说"你撕书，书会痛的""我们一起来把书粘好，好不好"，然后可以用胶水，和孩子一起把书粘好。

父母也可以用冷淡、伤心、生气等表情来传达自己因为孩子的这个行为而感到很不高兴。父母不要以为孩子的攻击欲望和行为会随着年龄的增长而自然消失。如果父母不及时纠正孩子的这种攻击欲望的话，那么将会影响孩子的情感成长、人际关系发展等方面，导致他们更冷酷无情，缺乏必要的同情和怜悯之心。更为可怕的是，这种冷酷的心绪将影响他们的一生。

所以父母要切记，如果孩子的破坏和攻击的欲望得不到疏导，他们长大后可能就是一个暴力分子，也可能会成为酒鬼、瘾君子或者变态狂。

奇怪的恋物癖

在幼儿园里，几乎每个班都有患恋物癖的小朋友。什么样的物品都会被他们恋上，其中以枕头、玩偶和生活用品居多。很多时候孩子的恋物行为都是各种因素综合起作用的结果，不安全感是其中的一个主导因素。

恋物癖跟安全感的缺乏有一定关系。父母的疏远、父母对孩子感情的呼应不够、父母对孩子缺乏关爱等，都可能引发孩子的恋物行为。父母应该多陪伴孩子，给予孩子更多的关爱，和孩子一起做他最喜欢的事情，比如捉迷藏、玩游戏、过家家、亲子阅读等，以便让孩子释放内心积压的负面感受。孩子患上恋物癖很大程度上源于对父爱和母爱不足的焦虑。

再严重的恋物癖，也会有个开端。如果父母在开始阶段就明察秋毫，及时干预，就有可能防止事态的进一步发展。恋物癖也可能源于孤独，特别是对那些已经有了真正的交往意识的孩子而言。孩子的交往意识如此强烈，现实中的交往环境和自己的交往能力却不尽如人意:幼儿园里有许多小朋友，但内向的孩子还不能敞开心胸与别人交往。自己熟悉的同龄亲戚，又不能时时在身边。孤独、失望之余，玩具就变成了孩子的精神寄托，孩子跟布娃娃说话，跟它一起做游戏、一起睡觉，享受着跟这个"小伙伴"交往的快乐。

孩子对某类物品的迷恋，也能折射出他的"长大情结"。在游戏中，那些被孩子依恋的事物，总是扮演了一个需要照顾的角色，而孩子则扮演了一个成人角色，站在大人的立场上说些大人话。被恋之物的存在，成了孩子"准大人"的演练对象。虽然这没有什么伤害性，但是也说明这类孩子是孤独的。孩子的"长大情结"需要一个正面的引导。

在日常生活中，父母要特别警惕孩子是否患上恋物癖。一旦孩子出现异常行为，开始长期对一件物品爱不释手，与之形影不离时，父母就要给予足够的重视，不可掉以轻心。当然父母也不必惊慌失措，因为这样的孩子只是缺乏一定的安全感，并不一定是病态的、消极的。随着年龄的增长这些异常行为会逐渐消失。

对有恋物倾向的孩子，父母要增加感情投入。除了用亲情沟通外，父母可以多准备几个"迁移载体"，转移和分散孩子的注意力。一般来说，小孩子的注意力和兴趣是不大稳定的，很容易被转移。另外，父母需要谨记的是，对于孩子特别喜欢的东西，只要对其心理发展没有害处，一般不要用强制的方式禁止其依恋此物，因为那样会激发孩子的逆反心理，结果反而更加不妙。

大声尖叫，情绪失控

现在容易情绪失控的孩子越来越多。这和学校的压力大、亲子之间沟通不够、孩子自身的心理素质差都有关系。当孩子不快、失望和愤怒时，他们不愿意向他人合理表达自己的情绪，而总是积压在内心，不让他人知晓。久而久之，不良情绪得不到宣泄，容易造成情绪失控，严重的还会出现心理疾病。

对于孩子的情绪失控，如果处理得好，有利于孩子形成健康的心理和健全的人格；而处理得不好，则会留下心理阴影。哭泣能愈合创伤，大笑能缓解压力。孩子每一次情绪宣泄的背后，都有其隐秘的动机——他们是在释放内心累积的负面情绪，意在引起父母的关注。所以，当孩子情绪失控时，父母应该给予关注，不要让孩子觉得他被冷落、被忽视。

事实上，和成人不一样，孩子的心思和情绪往往藏不住。无论是快乐或者难过，都会淋漓尽致地表现出来。如果父母不给孩子宣泄自己真实情感的机会，孩子的情绪就会被压抑在心底，最后像火山一样喷发出来。所以，当孩子兴奋的时候，父母不要强行要求孩子安静；当孩子悲伤的时候，父母也不要觉得孩子太脆弱。如果父母压制了孩子的各种情绪表现，表面上孩子不哭不笑了，但真实情绪被压抑了。

父母应该接纳孩子各种情绪的流露，不能误解和压抑。当孩子出现不良情绪时，父母应该允许孩子表达自己的真实情绪，不要强行让孩子压抑自我，更不能用体罚或者变相体罚的方式，让孩子忍气吞声。心理学家发现，很多孩子之所以出现强迫行为、攻击行为、破坏行为，很多时候是因为他们内心的紧张情绪得不到及时有效的宣泄。

在实际生活中，缺乏关注的儿童往往最容易积压情绪，容易情绪失控。这些孩子介于出色的孩子和顽皮的孩子之间，往往较文静，胆子小，没有太多表现自己的机会，难以得到成人的关注。这类孩子容易患多动症、厌学症、孤独症。

事实上，大多数这类型的孩子都渴望得到更多的关注。既然孩子渴望得到父母的关注, 父母又该怎么给予孩子关注呢? 父母对孩子的关注必须符合孩子的天性, 围绕天性的关注才是恰如其分的, 而违背了孩子天性的关注可能会适得其反。经常有父母看到孩子情绪失控, 怀疑自己的孩子得了多动症。实际上, 这是因为父母要求孩子在学习上和生活上表现优异, 压抑了孩子的天性。孩子对于那些自然的情绪只能一再压抑, 最终导致了情绪失控的结果。

异食癖

异食癖的孩子常会吃纸、破布、树叶、泥土、毛发等异物。由于吞食的异物不同, 产生的后果也不一样。如吞食污物, 可诱发肠道寄生虫病;吞食墙皮, 会造成有害微量元素 (如铅) 中毒;吞食很难消化的东西, 如头发、木屑等, 还可能出现异物团块, 形成肠梗阻。这些都会给孩子的健康带来巨大的隐患。

异食癖多发生于孩子 2~6 岁时。一般情况下, 孩子只是咬玩具、啃指甲等, 但极少进行异物吞食。当孩子开始吞食异物进而形成习惯后, 就会形成异食癖。这个时候采取禁止措施, 不让孩子吞食异物, 孩子就会情绪低落、焦躁不安。嗜异现象是一种心理异常行为, 带有半强迫性质。目前越来越多的医生们认为, 异食癖的发生与心理因素有极大的关系。当父母对孩子的照料稍有疏忽, 或孩子所处的环境发生变动, 孩子极度缺乏安全感时, 就可能出现异食癖行为。也就是说, 孩子之所以患上异食癖, 很多时候是出于一种替代心理。孩子感到不安全、恐惧和孤独时, 就会不由自主地进食一些奇怪的物品, 久而久之就形成了习惯。其实在刚开始时, 孩子可能因为缺乏照顾, 偶尔拿取异物吃, 但时间久了就变成了一种条件反射。

　　所以当发现孩子有嗜异现象时，父母要多给孩子关心。切忌简单粗暴地对待孩子的这一异常行为，更不要对孩子施以责罚，例如捆缚孩子的手足，让他断瘾。这样不但不能解除孩子的嗜异行为，反而会使他转为暗中行动，偷偷吃不洁之物，那样后果可能会更严重。一旦父母发现孩子有异食癖现象，应及时请医生检查，找出病因，对症治疗。最好能够在物理治疗的同时，配合心理疏导，帮助孩子克服恶习，恢复正常的饮食习惯。

　　日常生活中，父母要注意满足孩子身心健康所需的基本条件，如提供全面营养，教会孩子养成良好的饮食习惯，不挑食，不偏食。同时，父母给予孩子更多的关爱，每天要有足够的时间和孩子亲昵、玩耍，以满足他情感上及心理上的需求。

以培养孩子能力为目的的游戏与孩子单纯的玩要不一样，它是有目的、有规则，既有趣又严肃的一项工作。父母要时刻"监控"孩子的反应。

第三节 根据孩子的反应，调整孩子的游戏时间

两个月前的一天，孟非放学后去外婆家玩，结果没过多久就打电话给爸爸，说要回家，不想玩了。爸爸却说，"再玩一会，爸爸在家还有点儿事，吃过晚饭再去接你。"

孟非的爸爸是个开明的人，懂得游戏对孩子的开发作用，经常给出时间让孩子和小朋友们玩。外婆家有很多小孩子，所以他经常让孟非去外婆家玩。可是自从上次孟非打电话被爸爸拒绝后，孩子去外婆家玩时再也没打过电话回家。

两个月后，爸爸才发现这段时间孟非在外婆家根本没和小伙伴们玩，和其他小朋友的关系也变得冷淡起来。经过盘问才知道，孟非上次在游戏中玩累了，不耐烦了，由于别的孩子还想跟他玩，于是孟非和其中一个孩子发生了矛盾。那时候，孟非打电话给爸爸，却没有得到重视。从那以后，孟非去外婆家时就基本待在屋里，很少再跟其他小朋友出去玩。

从此以后，爸爸非常重视孟非的情绪状况。因为如今他知

道，孩子的情绪是反复无常的，应该在孩子有情绪变化的时候帮助孩子，及时对游戏时间做出调整。

重视孩子对游戏的反应

游戏对孩子来说是一把双刃剑，既能给孩子带来欢乐，但也容易让孩子成瘾。如果孩子对游戏本身不感兴趣，就很有可能产生逆反心理，容易和参与游戏的其他孩子发生矛盾。这些都要引起父母的注意，根据孩子在游戏时的反应，及时做出判断，调整孩子的游戏时间。

孩子的心智尚未成熟，在游戏的过程中情绪会变化无常。比如孩子可能在游戏的时候老惦记着冰激凌，总是跟妈妈念叨。如果这时候妈妈不顾孩子的感受，继续让他自个儿玩游戏，那么孩子肯定不会再专心玩游戏，甚至会越来越讨厌玩游戏，这时候游戏的效果就适得其反了。妈妈应该适时地停下来，请小朋友们一起吃冰激凌，吃完后再继续玩游戏。如此既能满足孩子的要求，也能给予孩子休息时间，调整各自的状态。

还有的孩子性格软弱，碰到比较好强的孩子总是有一种受欺负的感觉，会觉得委屈。如果这时候父母看见孩子有委屈的反应，就应该调整游戏规则，尽量将两人的角色分配得不冲突，或者找个恰当的理由，帮助委屈的孩子调整心态。

更多的孩子可能会贪玩，一玩就是几个小时，甚至"废寝忘食"。这时的父母可不能看着孩子满头大汗、情绪高涨，甚至肆意妄为也无动于衷了。遇到贪玩的孩子，父母应该跟他"约法三章"，有计划、有条件地为他提供游戏时间，到了约定的时间立刻结束游戏。贪心是孩子最可能犯的错误之一。父母应该帮助孩子努力改正错误，让孩子做个有节制、懂规矩、遵守游戏规则的好孩子,切不能因为"心软"而放纵孩子。

选择合适的游戏以及游戏时间

调节孩子的游戏时间不仅在游戏过程中适用,也适用于游戏的安排上。比如,有些父母每天晚上都会给孩子制订游戏任务,而不管孩子是否愿意。有时候孩子在学校累了,回家已经没有精力和兴趣干别的事,他们会表现得提不上精神,这时候父母就不应该强迫孩子。在周末给孩子安排游戏就是个不错的选择,尤其是对于精力不是那么旺盛的女孩子,这样更能激发她们对游戏的兴趣。小孩子思想活跃、活泼好动,大多是比较贪玩的。在小孩子的思想中,只有对自己喜好事物的欲望,而不像大人会用理性思维来约束自己。如果不加以调节和限制,不但不能达到游戏的目的,还可能对孩子产生坏的影响。因此,对于孩子的游戏时间,父母必须适当加以调节。

父母在调节游戏时间的过程中,要注意观察孩子的情绪和反应,做到把持有度、有张有弛。要让孩子有一个适可而止的观念,也要有事分轻重缓急的观念。这是家长在通过对孩子的持续教育后才能实现的。

在通过游戏训练孩子的各方面能力时,要注意引导,绝对不能妄图以暴力、威胁、处罚的方式使孩子"乖乖听话"。要对孩子细心观察、耐心教育,让孩子知道以后还有很多时间玩,应先去把重要的事情完成,然后再痛痛快快地玩。

以培养孩子能力为目的的游戏与孩子单纯的玩耍不一样,它是有目的、有规则,既有趣又严肃的一项工作。父母要把它当作一件工作去认真对待,时刻"监控"孩子的反应。当孩子表现得不耐烦时,父母要适当地暂停，以缓解孩子的情绪，重新激发孩子的兴趣。当孩子表现得意犹未尽时，父母应该适当地增加游戏的趣味和难度，以更好地通过游戏提升孩子的能力。

一个成功的训练游戏，应该是孩子感兴趣的，并能让孩子在游戏中得到提升的。如果孩子对于简单的游戏驾轻就熟了，父母就可以适当缩短游戏的时间；当孩子表现得很自如时，父母也可以适当地给予鼓励并缩短游戏时间。成功的游戏能激发孩子无穷的想象力，当孩子表现出好奇或者疑惑时，父母要耐心地向孩子解释，引导和激发孩子的想象力和思考能力，适当地延长游戏的时间。

孩子游戏的质量可以从孩子的情绪反应中直接得到反馈。父母要时刻根据孩子的反应做出正确的判断，以调节游戏的时间，继而调节孩子的情绪，正确地引导孩子把握自己的游戏角色，让孩子的能力得到提升。

它的出发点并非是要惩罚孩子，而是用
非暴力的手法来停止孩子的不恰当行为。

第四节　灵活运用游戏暂停法

阿峰和阿山两兄弟在一起玩一个智趣游戏。阿峰总说阿山
赖皮，因为阿山总是赢他。

妈妈看见阿峰嘴里总是在嘀咕，虽然仍旧和阿山一起继续
游戏，但心早就不在上面了。等到游戏的第一阶段结束后，妈
妈就说："让我参加你们的游戏吧。"随后，妈妈在游戏中输给
了阿峰，并且也说阿峰赖皮。

阿峰不高兴了，说妈妈冤枉他。这时，妈妈叫阿山去打电
话给爸爸，以此为借口支开阿山，并暂停了游戏。

妈妈趁阿山不在，跟阿峰说："你赢了，我说你赖皮你不高
兴，那么阿山赢了，你说他赖皮他也会不高兴的。"等阿山回
来，两人又开始了游戏，阿峰再也不抱怨阿山赖皮了。

找到卡壳的症结

孩子在玩游戏的时候，难免会"卡"在中途。这里的"卡"是指孩
子不能很好地完成游戏，或者由于各种原因心思不能放在游戏上。这时

如果继续游戏，已经不能达到游戏的目的了，甚至可能会使孩子情绪反常，对孩子的情商发展反而有害。这时父母应该暂停孩子的游戏，及时帮助孩子找出"卡壳"的症结所在。如果父母不能及时解决，也要提醒孩子，帮助他缓解情绪，以便让游戏进行下去。

孩子毕竟是孩子，在游戏的角色扮演中违反游戏规则很正常，如果父母这时不加以制止，游戏肯定进行不下去。而我们当中的许多父母遇到这种情况，第一反应是很恼火，"你怎么搞的？说了几遍都不听！""这样是不对的！"这样的游戏暂停只会使孩子委屈、害怕，从而伤及孩子的自尊心。

如果这时父母看见孩子哭了，会说"不要哭了宝贝"之类的话，并告诉孩子他应该有什么样的感受，只会使他不信赖自己真正的感觉。这种情况会导致孩子怀疑自我，甚至丧失自尊。相反的，假如我们告诉孩子，他有权利拥有自己的感觉，那么孩子可能有较好的方法来表达这些感觉，他的性格、自尊就不会受到伤害。

比如，孩子在游戏中衣服被弄脏了，父母可以说"没关系，干净的衣服都会弄脏的"之类的话。让孩子知道有一个了解他的大人，从自己情绪激动一直到寻找出答案，都在身旁帮助自己。

当孩子在游戏中做了不适当的行为或破坏游戏规则时，父母应该让孩子知道遵从或违反了这些规定的后果。良好行为的后果可以是正面的关切、赞扬或奖赏。不良行为的后果可以是不予关切、特权的丧失或没有奖赏。当后果是前后一致的、公平的，对孩子的教育效果最佳。

积极的暂停凳

这里要特别提醒一些不耐烦的，甚至喜欢用打骂孩子的方式来暂停游戏的父母：虽然这样做会使孩子暂时服从，但从长远来看对孩子是有百害而无一利的。许多孩子会为了避免皮肉之痛而遵从命令。但问题在于，它不经过讨论就制止了孩子的不端行为，断绝了孩子寻找自我控制及解决问题方式的机会。

打骂孩子还会造成许多负面后果。因为它使孩子感到无力，感到被不公平对待，所以很可能使孩子怨恨父母。打骂之后，孩子往往容易想到报复，而非自我改进。羞辱的感觉可能使他们否认做错事，或者使他们开始计划如何避免在下次犯错时"被逮到"。

对于大一点的孩子，建议父母可以为游戏中的孩子专门设立一条"积极的暂停凳"。父母可以告诉孩子，当他需要冷静时，任何时候都可以去坐这个凳子，直到他能够做到尊重别人或遵从游戏规则为止。当父母问孩子"你觉得在你的感觉好起来之前去坐坐'暂停凳'会有帮助吗？还是你现在就能想出解决问题的方法"的时候，尊重、和善、坚定的态度是很重要的。

没有必要每一次都马上找到解决问题的方案。有时候，"积极的暂停"已经足以中断有问题的行为。仅仅是感觉好起来，就足以让孩子转向采取更为社会所接受的行为了。当找到了解决问题的方案时，用启发性问题帮助孩子探讨自己的选择造成的后果，并让孩子利用自己 学到的方法来解决问题，是很有帮助的。

巧妙运用游戏暂停法

游戏被暂停的情况时有发生，比如当父母和孩子玩亲子游戏的时候，会因为一个电话而被打搅，如果孩子不愿意父母离开，那么接了这个电话很可能就会影响游戏顺利进行下去。这时父母要巧妙地运用游戏暂停法。比如妈妈跟孩子正在玩医生和病人的角色游戏，作为医生角色的妈妈可以说"哎呀！院长来电话了，可能是领导来检查哦。我去看看院长有什么指示，你要乖乖躺在病床上哦"之类结合游戏的话，以避免孩子从角色中剥离出来，影响游戏的完整性。

不管游戏是被迫暂停，还是被父母主动暂停，父母都要牢记，游戏的是孩子学习的过程。要围绕这个宗旨，选用正确的暂停法，使孩子在疲劳厌烦时得到休息，违反游戏规则时予以改正，让孩子的情绪得到正确的引导。

在游戏中，年幼的孩子往往会因为破坏游戏规则或别人的干扰，陷入一种不能自已的状态。他被很没有理由的要求占据着，不能解脱，随之而来的是无休止的哭闹和不顾一切的反抗。

即使父母向孩子大喊："停止，不能这样"，孩子仍像没有听见一般，只是一味地哭闹。接下去便可能是父母的拍打，希望能由此停住孩子的无端哭闹，但往往这样的处理方法只能是火上加油，使孩子更加暴躁，而做父母的也愈加不能自已，大发其火。一时间，哭声和斥责声搅在一起，夹杂着拍打的声音，搞得大人和小孩都十分疲惫。

正确、灵活的游戏暂停法，它的出发点并非是要惩罚孩子，而是用非暴力的手法来停止孩子的不恰当行为。做父母的当然不希望用暴力行为或其他体罚为孩子设立"榜样"，使他们从小认为只有用武力才能解决问题。倘若父母能灵活正确地使用暂停法，往往能有效地缓和孩子突发的恶劣情绪，使他平静下来，同时又不觉得受到压抑和强迫。

要知道，这种发作对孩子来说是一件好事，因为发作之后，他就卸掉了心中一个沉重的包袱。他会感到轻松，也愿与你更亲近。

第五节　在游戏中积极引导孩子的情绪

有一回，宁宁感冒发烧，吃了药片仍不见好转，爸爸妈妈只好把她送到儿童医院去打点滴。到了儿童医院，宁宁看到许多跟她一样生病的小朋友也要打针，一个个因为怕疼而大哭大闹的。宁宁的情绪一下子被他们感染了，也变得恐惧起来，不想打针了。这个时候，爸爸就跟宁宁说:"乖孩子，你还记得跟爸爸玩过的游戏吗? 你不是说，自己不是胆小鬼，打针绝对不哭的吗? "宁宁听了爸爸的话之后，就"嗯"了一声。随后爸爸就带着宁宁前去打针。打完针后，其他小朋友和他们的父母都以赞扬的眼光注视着他们。这个时候宁宁也感到自己特别勇敢。

原来，每次宁宁生病打完针之后，回到家里都要和爸爸玩打针的游戏。她要拿着铅笔当针筒也给爸爸来一针。爸爸每次总是一反平日里严肃的常态，样子滑稽地掉转身子，假装逃跑，或者装出一副抱头鼠窜的样子，有时还向宁宁求饶:"不! 求求你了! 爸爸不要打针，爸爸怕疼! "

每当看到这种场景，宁宁就会哈哈大笑，并说道："爸爸是胆小鬼，害怕打针。我都不害怕打针，我打针保证不哭。"这也就是为什么宁宁每次打针时，只要一想到这个游戏，就比别的孩子更勇敢的缘故。

在宁宁和爸爸玩打针游戏的过程中，爸爸扮演的是弱者，而宁宁扮演强者。由于爸爸扮演了一个毫无威胁但又十分有趣的弱者，宁宁就一边起劲地玩，一边放声大笑。与此同时，也化解掉了与打针这个问题有关的紧张情绪，以至于宁宁真的遇上打针的时候也不再感到害怕。

学会利用倾听式游戏

这种角色颠倒或换位的游戏，能让孩子在游戏中持续主导孩子与父母的关系，决定是否倾吐自己对某个问题的感受和理解，因此被称作"倾听式游戏"。倾听式游戏的主要目的就是让孩子发笑，以便在孩子发笑的过程中，能够引导他化解或缓解某些情绪。孩子在快活地大笑之后，会感到父母对自己的爱，感到安全。此时，他会自动地用某种方式表露自己内心深处的郁结。

由于孩子的内心敏感而脆弱，他们通常会因为一些鸡毛蒜皮的小事而变得惴惴不安、忧郁或沮丧。比如说，他可能坚持要买一个同学正在玩的流行玩具，或者他只是想要一根他认定的那种带有橡皮擦头的铅笔。在游戏中开怀大笑之后，他觉得自己可以很放心地让你知道这些烦恼。因为这些点点滴滴的烦恼，使他不满意自己现在的生活。要买一个玩具或一支铅笔只是一根导火索，可能引爆的却是长久积压于孩子心中混乱情绪的小炸药桶。

在玩游戏的时候，不是每个孩子都能做到认真投入游戏，他们难免会碰到磕磕碰碰的各种小问题。如果父母参与游戏，要及时妥当地处理问题；如果父母没有参与游戏，就要学会倾听孩子的委屈和苦衷，正确引导孩子，让孩子在下一个游戏中得到提高。

父母认真地倾听，孩子才会诚实地把心中的苦恼和困惑告诉父母，才能在游戏中正确对待自己扮演的角色，矫正自己的交往盲点。父母耐心地倾听，可以化解孩子心中的委屈，甚至化解孩子之间的矛盾。父母要想知道孩子在学校和伙伴发生的事情，首先要学会倾听，这样孩子才肯说。父母善于倾听，孩子才会打开话匣子。这种倾诉有利于孩子开展团体游戏，提高他的人际交往能力。

一般情况下，我们都渴望有人听自己说话，孩子尤其如此。人与人不能很好地沟通，常常是因为找不到倾听的人。如果你希望自己的孩子成为一个善于沟通的人，就要先让自己成为一个忠实的听众。

心理学家认为，预测一个孩子成年后的生存能力，不是看他现在的学习成绩，也不是看他能不能遵守课堂纪律，而是看孩子能不能跟其他孩子合得来。

其实，跟人说话是一种交往方式，听人说话也是一种交往方式。每个孩子都有自己独特的交往方式，并不是所有的孩子都爱主动找朋友玩，或在小朋友中夸夸其谈，或者一直乐于充当领导者。很多孩子天性敏感羞涩，比较慢热，强迫这样的孩子去跟别的孩子"打成一片"，会让孩子感到挫败，从而更加紧张退缩。

年龄越小的孩子越不会倾听，这时要引导孩子学会倾听，学会不打断对方的话，让孩子学会用眼神示意对方"我在专心听你讲话"，并适时给予肯定的回答。当然，这首先需要父母为孩子做出示范。

生活中，孩子们已经给了我们很多练习倾听技巧的机会。孩子们遇到事情的时候，总是会大声地说出来。在家里和孩子们在一起，就像剧院里上演的舞台戏。玩具丢了，头发剪太短了，该交作业了，新仔裤不适，又和兄弟姐妹打架了……这些生活细节都能给父母提供倾听的机会，让父母从细节入手，慢慢养成倾听孩子的习惯。如此，孩子才会正确地做出反馈，才知道自己应该如何去做才能更好地和别人交往。

许多孩子抱怨，他们的父母整天对他们唠唠叨叨，说得太多，这是孩子对父母倾听行为的不满。许多家长苦恼，自家的孩子总是把大人的话当耳边风，说一百遍就像没说过一样。"我们讲的话，他根本不听！"这是父母对孩子倾听行为的不满。然而，主要的责任是在父母，因为孩子们年龄尚小，很难学会倾听。父母应该更多地倾听他们的声音，而不应该抱怨孩子没有倾听自己的话。父母不会倾听，孩子就不会按照你的意思去做。这样一来，孩子们在游戏中容易遇到问题，更谈不上提升自己的交往能力了，甚至会讨厌游戏，拒绝和朋友交往。

为人父母者可曾想过：你是否说得太多，"听"得太少？你是否在意孩子的感觉和情绪？你是否了解孩子所关心的事和人？也许你要说，正是因为孩子不肯听，才逼得你说得太多。但来自孩子的抱怨是：正是因为父母说得太多，才逼得他们把父母的话当耳边风。父母说得越多，他们就越是反感。

如果父母想培养孩子，想知道孩子的动向，想知道孩子在游戏中是否胜任角色，就必须从自己开始，学会倾听。有效的倾听是良好沟通的一半。如果父母对子女缺乏有效的倾听，对子女的教育将不会有真正的成功。

父母正确地倾听，能使孩子在困惑时获得精神上的解放。引导孩子说出内在感受后，父母就能找出问题的症结，孩子的负面情绪自然能够得到疏解。父母借着倾听流露出对孩子的接纳与包容，孩子从父母的反应中，感受到父母的友善态度，从而能够勇敢地说出内心的恐惧。这些都能帮助孩子在团队游戏中表现得更好。许多父母用倾听的方式和孩子讨论问题和烦恼时，会发现孩子很会分析自己的问题并寻求解决之道。因为倾听意味着父母信任孩子有解决困难的能力，这会让孩子表现得更好。反之，父母若是一味地给孩子提供建议、忠告、劝解，甚至一手包办，不但不能真正地帮助孩子，反而很难将孩子培养成独立自主且有责任感的人。

当孩子发作时

如果父母能够关心孩子，而且试图用较少的话语去安抚或劝解他，孩子也许会抓住这个机会大闹或大哭一场。此刻，就要求父母具备极好的 耐心。要知道，这种发作对孩子来说是一件好事，因为发作之后，他就卸掉了心中一个沉重的包袱。他会感到轻松，也愿与你更亲近。痛快地哭闹一场，能释放出那些曾使孩子害怕并僵化地对待生活的消极情绪。

事实上，孩子远比成人更容易产生情绪问题和心理疾病，比如自闭、抑郁、焦虑等。解决孩子情绪问题和心理疾病的方法有很多，其中很重要的一种就是游戏治疗。孩子可以通过恰当的游戏"发泄"不良的情绪。以游戏为途径，让孩子有机会很自然地表达自己的内心世界，同时它也是构建一种人际互动的过程。

游戏之所以能成为孩子主要的精神治疗法，是因为游戏是孩子自我表现的途径，是孩子学习和实践的方式。在游戏中，孩子很容易与他的玩具和玩伴产生"亲密"关系，并感受到来自家庭的关心和温暖。游戏也能提高孩子的沟通和表达能力，它允许孩子合理宣泄自己的不良情绪，从而拥有更健康的心理。通过观察游戏中的孩子，父母可以真正了解孩子的世界，也更容易与儿童产生和保持良好关系。

在游戏过程中，孩子是主导者，而父母只是配角。作为主角，孩子有做出改变选择的权利。他可以游戏，也可以不游戏。他可以选择任何游戏道具和方式。而作为配角，家长只需要在游戏中积极引导孩子的情绪，加强孩子的情绪自控能力，这一点非常重要。如果家长不顾孩子的感受而去强迫孩子做一些事，那就是颠倒了主次，剥夺了孩子主导游戏的权利。因此，不管孩子在游戏中做出何种行为，父母都不能用强迫的方式让孩子听自己的话。父母可以通过关爱和引导，让孩子在游戏中得到安全舒适的感受，从而达到游戏的目的。

在游戏中，孩子发泄自己的感受和情绪，正如成人通过交谈说出自己的感受和情绪一样。游戏是孩子的语言，健康的游戏对孩子的健康发展有非常重要的作用。如果你的孩子出现了情绪问题或心理疾病，一定要耐心地对待。为孩子提供游戏治疗的机会，让他们学会无伤害地自愈。

精神分析学家弗洛伊德曾提出，幼年的经验是非常重要的，它将影响人的一生。所以孩子的心理健康非常值得父母去关注。现代社会里，许多父母忙于事业，常常忽视孩子的情感需求，不能妥善地进行情绪引导，以至于亲子关系不佳，孩子的心理发展也常常出现问题。

孩子一旦难以从亲子关系中获得安全感，就会变得胆小害怕、呆板迟钝、不善交际，甚至出现远离群体等退缩性行为。有的孩子还会表现出冷漠、固执、暴躁等异常的态度，导致他们无法和别人正常交往。在这样的环境下成长起来的孩子,自然毫无情商可言。

对于这些心理发展失衡的孩子,在游戏中进行情感和心理的引导无疑是一个良方。父母应该拿出时间和耐心,通过游戏帮助孩子克服这些障碍。

超限效应,孩子逆反情绪的根源

当人体受到过多的刺激,这种刺激强度很大,持续时间又很长的话,就会引发不耐烦或逆反心理,心理学上把这种现象称为"超限效应"。超限效应是一种纯粹的心理反应,只要触及了超限点,就会引发超限反应。轻则表现出不耐烦,重则产生逆反心理。儿童由于身体机能不成熟,更容易产生这种反应。在父母看来就是孩子怎么老不耐烦、老不听话啊。其实父母不知道,当孩子不耐烦的时候,即使父母出发点再好,孩子也不会买账。

生活中经常发生这样的现象:母亲反复告诫孩子要收拾好自己的玩具,孩子却依旧我行我素;父亲要求孩子能像个男子汉那样准时起床,和自己一起参加晨练,可是孩子却总是睡懒觉。父母没完没了地要求这要求那,往往让孩子产生听觉疲劳。孩子把父母的话当成耳旁风就是很自然的事了,时间久了甚至会极度反感,效果适得其反。

另外,父母在批评孩子时需要把握一个度,在表扬孩子时也要掌握一个度,并不是多多益善。批评多了就会很不耐烦,不易引起重视;表扬多了就会索然无味,更不用说发挥激励作用了。作家克雷夫讲过这样一个故事:一天,热情好客的杰米扬精心熬制了一锅鱼汤,请好朋友福卡前来品尝。鱼汤确实很鲜美,福卡也吃得很饱了,可是杰米扬依然一个劲地劝福卡继续吃。可怜的福卡虽然喜欢喝汤,但这样不停地喝汤,却跟受罪一样。这次喝鱼汤事件以后，他再也不去杰米扬家了。

当父母听到孩子说"行啦，你已经说了 100 遍了，我的耳朵都起茧子了"，千万不要以为"孩子太不懂事"，其实是父母太不懂孩子的心理了。等到孩子说"老是这样说，你们烦不烦啊"，千万别以为孩子是在耍孩子脾气。他们的言下之意是，他已经很烦了。父母如果解读不了这样的信号，只会在错误和失败的路上越走越远。

所以，父母对孩子的要求、批评和表扬，都不能超过限度。如果重复要求、批评和表扬，孩子的心理就会发生变化，会对父母的言行感到不耐烦、反感和厌恶，甚至会产生"我偏要这样"的逆反心理，做出逆反行为。很多父母在这个时候没有意识到自己的错误，反而一错再错，认为孩子"太不像话""无可救药"，觉得失望乃至绝望，这样只会让陷入低谷的亲子关系雪上加霜。

正因为此，在亲子教育中，父母更应该恰当地利用超限效应，使父母的正确引导达到"四两拨千斤"的效果。有的父母在批评完犯错的孩子后，还觉得意犹未尽，接着对孩子进行又一轮的批评。其实孩子在第一次受到批评时，可能已经接受了父母的正确观点，并下决心要改正。结果因为同一件事受到再三的批评，孩子就会产生厌烦情绪，最后极有可能演变成反抗心理，与父母一开始的期望背道而驰。

在亲子教育中，一句话重复一百遍不会成为真理，而真理重复一百遍却可能成为一句废话。无论父母的出发点是多么正确，多么为孩子着想，一旦触发了超限效应，那么在孩子那里肯定得不到正面的回馈。父母苦口婆心地劝说，对孩子提出过高的要求，都会引起孩子心理上的不耐烦，甚至产生抵触心理。

第六章 好妈妈的好方法：
100个亲子游戏实例

教育≠叫育！每天吼叫1000遍，也教不出好孩子。

这些有趣的亲子互动游戏，让你不吼不叫，教出好孩子。

1. 认识自己

家长需要准备的用具:一桶可食用颜料、一张全开画布、一个水桶、一块布。

具体玩法:让孩子将颜料涂在自己的脚掌和手掌上。如果孩子年龄较小,也可以由家长帮助完成。接着,家长把画布摊开,让孩子在上面走路,这样手脚上的颜料就会染到画布上。做完这些,家长用水给孩子清洗干净。家长可以带领孩子寻找、触摸、点数画布上的印记,也可以指着这些印记问孩子:"这是谁弄的啊?这是谁的手掌印,谁的脚印啊?"反复问孩子很多次,直到孩子领会了其中的意思。

游戏目的:这样的小游戏可以使孩子对自己的肢体有基本认知。对于年幼的孩子来说,这很重要。

2. 认识五官

家长需要准备的用具:一张硬纸板、一支笔、一根胶棒、一把剪刀。

具体玩法:用事先准备好的剪刀剪出眉毛、眼睛、鼻子、耳朵、嘴巴等形状。如果孩子年龄太小,可以由家长帮助完成。接着,家长带着孩子在硬纸板上画出一个人的头部轮廓,为了让头型更生动和逼真,要在上面画一些头发。最后,家长带着孩子把剪好的五官都贴到正确的位置上。让孩子拿着"五官",反复地贴上几次。如果没有成功,妈妈可以拿来一面镜子,让孩子借助镜子辨别自己的五官。妈妈可以问他:"眼睛在哪里?鼻子在哪里?嘴巴在哪里?"直到孩子熟悉五官的位置,准确地将"五官"贴在画板上人的轮廓上。

游戏目的:这样的小游戏,可以帮助宝宝认识自己的五官,帮助年幼的孩子不断地加强自我认知。

3. 各种表情

家长需要准备的用具：各种表情的卡片。为了吸引孩子的注意力，可以多准备一些孩子喜欢的人、动物或者卡通形象的卡片。

具体玩法：家长和孩子一起观察每张卡片，并从中找出快乐的、悲伤的、生气的等各种表情的卡片，也可以带着孩子对表情卡片进行归类。然后结合某些表情，家长讲一讲这些图片背后的故事，以让孩子更好地理解这些情绪，以及产生这些情绪的原因。

家长还可以根据孩子的年龄，渗透一些出现这些情绪之后的解决办法。家长也可以根据孩子的年龄，用剪刀剪出各种表情，这样还可以锻炼孩子的动手能力。

游戏目的：通过认识图片，家长让孩子逐渐熟悉人的表情，从而认识到自己的心情，了解自己的同时，也能更了解身边的人。

4. 认识家庭成员

家长需要准备的东西：几张全家福（最好是在不同环境下拍摄的）。

具体玩法：家长和孩子可以轮流做指挥者，被指挥者需要按照要求在照片中寻找家庭成员，并说出他们的称呼、姓名、性别等。让孩子能较快地熟悉家庭成员的特点。除此以外，家长还应该让孩子熟悉自己的家庭地址、职业以及电话号码等。

游戏目的：认识家庭成员，确立自己的家庭观念。培养孩子的辨别能力和自省力。当孩子要上幼儿园或者融入其他新环境时，家长也可以用这样的方法让孩子快速地熟悉学校、老师和同学，增进对环境的熟悉，消除陌生感。

5. 有趣的百宝箱

家长需要准备的用具: 一个大纸巾盒、几个小玩具、一把剪刀、一卷胶带。

具体玩法: 家长先将纸巾盒的抽纸部位剪得更大些,并用胶带包边,以防划破孩子的小手。接着,家长把小玩具放进盒子里,并来回摇晃,玩具发出的声音会引起孩子的兴趣。家长演示如何从盒子里拿出玩具和放入玩具,孩子就会模仿了。如果孩子年龄小,可能会害怕把手伸进从盒子里去拿玩具。遇到这种情况,家长不要勉强,而是再多做几次示范,或者直接把玩具放到盒子边缘让孩子拿,慢慢地孩子就能克服恐惧了。每次拿出玩具前,家长可以和孩子一起猜想拿出来的会是什么玩具。

游戏目的: 从特定的位置拿取玩具,可以促进孩子语言,理解和认知能力的进步。但是家长要注意,玩完游戏,请孩子帮忙把玩具放回去,这样能帮他养成收拾的好习惯。

6. 撕小纸条

家长需要准备的用具: 一些颜色鲜艳的便笺条。

具体玩法: 家长带着孩子一起把便笺条贴在桌上。接着家长给孩子示范用拇指和食指两个手指把便笺条撕下来,并由孩子自己完成。整个过程中,家长需要观察孩子的动作,孩子一开始可能会伸出整个手掌去抓,然后慢慢地可以学会用两个手指去撕。

游戏目的: 这个游戏可以锻炼孩子拇指和食指对捏的准确性和力量,感受游戏的乐趣。

7. 小小导游员

家长需要准备的用具: 一个小话筒、一张自制的导游证。

具体玩法: 家长可以带着孩子做小小导游员的游戏。开始，家长需要告诉孩子什么是导游，导游的工作职责是什么，然后亲子双方轮流扮演导游和游客。先由游客说出旅游的目的地，然后导游开始进行各种介绍。在介绍的过程中，家长可以根据孩子的情绪以及认知能力做一些互动。比如扮演态度不好的游客，扮演临时生病的导游等。

游戏目的: 通过角色扮演的游戏拓展孩子的感受和对事物的认知，让孩子明白沟通的重要性。同时，在这个游戏中，孩子既可以了解到一些地理和历史知识，又可以了解不同的职业特点，拓展一些知识的同时还培养了同理心。

8. 扮演老师

家长需要准备的用具: 小黑板、小椅子、书、本子、铅笔等。

具体玩法: 家长可以和孩子一起玩，也可以召集孩子的小伙伴一起玩这个游戏。猜拳决定由谁来做老师。扮演老师的人必须像老师那样，给学生读书、弹钢琴、讲故事。当然也可以再设计几个其他的情景，让"小老师"带着同学们到假设的公园去做游戏和参观等。

游戏目的: 孩子在角色互换中学会理解和体谅老师，让师生关系更加融洽，也能增进孩子与同学之间的感情。

9. 公园里的小冲突

家长需要准备的用具: 一个写有公园的纸牌、一个预设的故事脚本。

具体玩法：根据预设的故事脚本，由家长和孩子一起扮演角色游戏。比如一家人到公园参观，看到两个游客正在争吵。因为游客甲不小心将饮料洒在游客乙的身上，所以游客乙很生气，立即大吼大叫。游客甲见游客乙大叫，非常生气，不但没道歉，还和游客乙吵了起来。这个脚本需要两个吵架的游客和一个负责调解的游客。家长和孩子可以轮流扮演这几个角色。

游戏目的：做完这个游戏，再加上父母的引导，孩子会懂得在公共场合如何正确地和别人沟通。如果是自己的错误，就要及时向别人道歉，争取得到别人的原谅。

10. 做一次邮递员

家长需要准备的用具：玩具邮筒、邮票、电话、笔、纸、信封等。

具体玩法：家长和孩子可以轮流扮演邮递员。游戏开始，邮递员扮演者要负责将电话、邮筒、信封、纸、笔等东西放好。顾客扮演者来到时，邮递员要热情接待，问清顾客需要办理的业务，然后耐心地帮助他办理。

游戏目的：这样的游戏互动不但可以让孩子体会工作的辛苦，更重要的是学会怎样和别人沟通。

11. 图书管理游戏

家长需要准备的用具：几本孩子爱读的书、一个自制借书证、一个自制图书室纸牌。

具体玩法：这是一个角色扮演游戏，角色分别是图书室的管理员和借书的读者。游戏开始前，家长需要提前告诉孩子什么叫图书室，以及有关图书室的一些基本常识。家长和孩子可以轮流扮演两个角色。图书管理员扮演者需要把自制图书室的纸牌摆好，然后准备几本书，并进行分类。接着读者扮演者就可以来借书了。图书管理员要热情接待借书者，问明借书者的需要，再将图书拿给他。借书者读完书以后，归还图书，图书管理员要做好记录，并将书放好。结束游戏。

游戏目的：这个游戏不仅可以培养孩子与人沟通的能力，热情待人的习惯，还可以培养他们认真仔细的态度。

12. 动物饲养游戏

家长需要准备工具：一个自制动物园纸牌、老虎等毛绒玩具。

具体玩法：家长带领孩子参观动物园，让孩子对动物园有了基本的了解，然后一起玩动物饲养的游戏。家长和孩子可以轮流扮演饲养员和游客。通过设置有关老虎的习性、怎样喂养老虎，以及怎样和老虎沟通等这类问题，增进孩子的知识，以及锻炼孩子的语言能力。如果孩子年龄太小，语言组织能力有限，可以由其中一名家长和孩子组成小团队，协助孩子完成讲解。

游戏目的：这个游戏可以锻炼孩子与人的表达能力和沟通能力，还可以培养孩子对大自然和动物的兴趣。

13. 一起过家家

家长需要准备工具：布娃娃、小家具、小炊具、日常生活用品等。

具体玩法：家长可以邀请小朋友来家里做客，让孩子们一起做过家家的游戏。家长要为孩子们准备好东西。孩子们分别扮演"爸爸"和"妈妈"。游戏开始，小爸爸和小妈妈先要把家里布置好，把家具摆设好建起家庭。扮演妈妈的小朋友需要照料布娃娃吃饭、睡觉，然后再带着娃娃做一些买菜、做饭、洗衣等事情来组织家庭生活。扮演爸爸的小朋友则负责带着娃娃做游戏、去公园玩、看电影、参观工厂等活动。

游戏目的：这个游戏可以锻炼孩子的协作能力，发挥他们的创造性。让他们增强独立生活能力的同时，还可以体会父母的辛苦和爱心。

14. 扔硬币游戏

家长需要准备的用具：一枚1元硬币。

具体玩法：这是一个非常简单的游戏。准备一枚1元的硬币，先让孩子选择一面（正面、反面），然后让孩子扔这个硬币。如果孩子选中的一面朝上，就代表赢了。赢了的人就可以获得"胜利者"称号，并可以大声地说："我是胜利者"，然后跳一支滑稽的舞蹈，越夸张越好。如果没选中，就需要表演一段失败的舞蹈，并在跳完之后，大喊口号："这没什么，我可以再做一次。"

游戏目的：这个游戏非常容易操作，能让孩子在游戏中明白输赢都是很常见的事情。即使是输掉了一次游戏，也可以重新做一次，从而让孩子的抗挫折能力得到锻炼。

15. 谁能站起来

家长需要准备的用具：两把有靠背的椅子、一张自制裁判证。

具体玩法：家长可以和孩子轮流做裁判和运动员。运动员坐在椅子上，听到裁判"起立"的口令后，按照裁判要求的姿势站起来。裁判可以自行决定要求。比如裁判的要求是，上身保持正直，背部正好贴在椅背上；双腿并拢、上肢与下肢屈成直角；双脚平放在地上；双手自然下垂，不要扶任何东西。那么，在遵守种种规则下，我们来看看，最后谁能站起来？其实没有人可以站起来。在这样的坐姿下，重心偏后。当两人听到"起立"口令后是不能站起来的。

游戏目的：通过这个游戏既可以和孩子普及重心相关的科学知识，也可以让孩子经历失败后明白有些事情做不到是正常的。

16.永远抓不到的纸币

家长需要准备的用具：纸币。

具体玩法：一个人拿着一张纸币停在半空，另一个人把手掌微微张开放在纸币下方。第一个人撒手让纸币掉下来。另一个人伸手去抓纸币，看是否能抓得到。

游戏目的：实际上，当我们的大脑听到指令之后去做抓这个动作是需要一些时间的。所以当别人把纸币降落的时候，自己会眼睁睁地抓不到。但是这个游戏可以锻炼孩子们自我激励、敢于挑战的勇气。

17.认识他吗？

家长需要准备的用具：一些形容人特征的形容词卡片。

具体玩法：这是一个增进孩子们加快认识速度的游戏，也是自我介绍的一种方式。第一个人报出自己的名字，第二个人说某某旁边的自己的名字，第三个人说某某旁边的某某旁边的自己的名字……如此轮流一圈回到第一个人，第一个人再重复一遍全部人的名字。游戏结束。还可以在名字之前加上一个形容词或一项特征，增加难度和印象。

游戏目的：这样既可以锻炼孩子们的表达和反应能力，还可以加快孩子们之间的认识。

18. 自我介绍

家长需要准备的用具：孩子喜欢的水果、毛绒玩具、一些形容人特征的形容词卡片。

具体玩法：家长和孩子依次介绍自己的姓名和最喜欢的一种水果、动物或植物等，同时要阐述喜欢的理由。为增加难度，不得重复之前说过的内容。

游戏目的：这个游戏可通过花样自我介绍，增加孩子的词汇量，锻炼孩子们的表达能力，使孩子拥有自信。

19. 交头接耳

家长需要准备的用具：一句较长且绕口的话、一张纸、一支笔。

具体玩法：家长需要准备一句较长且拗口的话，并把它写在纸上。比如，两点是冰，三点是清，四点是点；两点是冷，三点是澄，四点是蒸。把这句话以"交头接耳"的方式从第一个人传达至最后一个人，再由最后一个人将他听到的内容大声读出，最后大家一起对照纸上的原话，看看一共复述对多少个字。这个游戏参与的人员越多越好玩。

游戏目的：这个游戏可以锻炼孩子的记忆力和语言表达能力。

20. 传话筒

家长需要准备的用具：两个一次性纸杯、针、一根细线。

具体玩法：在两个纸杯的杯底各扎一个小孔，用一根细线分别穿过两个纸杯的小孔，并在纸杯里打结。家长和孩子各拿住细线两端的纸杯，然后拉紧并用纸杯开始传话。

游戏目的：这个游戏能够锻炼孩子的动手能力，引起孩子的好奇心。

21. 丢沙包

家长需要准备的用具：沙包。

具体玩法：家长可以将小朋友们召集在一起玩耍。参加游戏的小朋友分为两组，一组丢沙包，一组站在规定的圆圈内。外圈的小朋友朝圈内的小朋友扔沙包，击中一个小朋友可以加一分。当圈内所有的小朋友被击中后，两组互换位置。在游戏的过程中可能会有一些突发状况发生，家长要留意孩子们的动态。

游戏目的：这个游戏可以锻炼孩子的身体的协调能力。

22. 萝卜蹲

具体玩法：家长可以将小朋友们召集在一起。每个小朋友可以选择自己喜欢的颜色来给萝卜命名，然后所有的小朋友站成一排，由第一个小朋友开始念口号："萝卜蹲，萝卜蹲，白萝卜蹲完红萝卜蹲"。那么相应萝卜颜色的小朋友需要马上下蹲，然后念出下一个萝卜蹲的口号。在5秒内没有做出反应的人被淘汰。随着人数的减少可以适当提升游戏的速度，筛选出最终获胜的小朋友。

游戏目的：这个游戏特别锻炼孩子的反应能力。

23. 脚尖接球

家长需要准备的用具：一个小球。

具体玩法：家长可以将小朋友们召集在一起，让小朋友们在事先制订好的规则下一起玩耍。比如参加游戏的小朋友要用脚尖来传球，并且在传球的过程中，球不能落地，否则视为淘汰。

游戏目的:这个游戏考验小朋友们的团队合作能力，同时也能锻炼他们的运动平衡能力。

24. 小小杂货店

家长需要准备的用具:空食品罐、空饼干盒子等。

具体玩法:家长将收集来的空盒子有序地排列在桌子上。家长扮演老板，孩子扮演顾客。家长教孩子根据盒子标签选择他想要买的东西，引导孩子了解各种物品后，让孩子来扮演老板，家长来当顾客。请孩子取出你想要的食品，并正确说出其名称。

游戏目的:这个游戏可以训练孩子的辨认能力，还可以建立他们对交易和金钱的概念。

25. 接龙游戏

家长需要准备的用具:相关主题的成语卡片。

具体玩法:家长和孩子在约定的主题下进行成语接龙。比如带有颜色的成语，比如形容人认真的成语等。成语不能重复，在规定的时间内不能说出成语的人的则视为失败。对于年龄较小的孩子，家长可以先带着孩子看一轮事先准备好的成语卡片。

游戏目的:这个游戏可以帮助孩子增加识字量、词汇量。

26. 五毛和一块

家长需要准备的用具:写着"一元钱""五角钱"的数张纸牌。

具体玩法:家长可以将小朋友们召集在一起玩耍，人越多越好玩。

小朋友随机抽取一张纸牌。家长当裁判。裁判随机说一个金额。小朋友要在最短的时间内组队，使小团队的纸牌金额加起来组成这个金额。

游戏目的：这个游戏可以锻炼孩子的反应能力。

27. 托乒乓球

家长需要准备的用具：乒乓球拍、乒乓球。

具体玩法：参与游戏的每个人手握乒乓球拍并将其保持水平，然后把乒乓球放在球拍上，绕室内行走（室内还可以设置一些障碍物）。谁的乒乓球不掉谁就赢啦。

游戏目的：这个游戏可以锻炼孩子的运动平衡能力。

28. 吸管运输

家长需要准备的用具：一包吸管、几个小钥匙环。

具体玩法：家长可以将小朋友们召集在一起，并把小朋友们分成两组。每人嘴里叼一支吸管，第一个人在吸管上放一个钥匙环。当比赛开始时，大家不能用手接触吸管和钥匙环，只能用嘴叼吸管的姿势把钥匙环传给下一个人。先传到最后一个人的那组获胜。

游戏目的：这个游戏可以培养孩子们的团队协作能力。

29. 叠报纸

家长需要准备的用具：两张同样大小的报纸。

具体玩法：家长可以将小朋友们召集在一起，并把小朋友们分成两组。家长将两张4开的报纸平铺在地面上。每张报纸上站一个小组，每个小组派一个代表与对方猜拳（剪刀、石头、布）。输掉的小组必须将脚下的报纸对折后再站在上面（脚都不许放在报纸以外的地方），直到其中一方站不上去为止。站不上去的一方为输。

游戏目的:这是一个团队协作游戏，特别考验孩子们的配合能力。

30. 牵手

家长需要准备的用具:一块蒙眼布。

具体玩法:家长可以将小朋友们召集在一起玩。先用布给一个孩子蒙上双眼，由其他人牵着他的手走过平坦的路、坎坷的路……解开眼罩后，每个人都握一下被蒙住眼睛的孩子的手，由他找出谁是刚才牵他手的人。找出牵手队员后，表达一下对他的感谢并谈谈自己的感受。

游戏目的:这是一个团队游戏，可以培养队员间的信任和感情。

31. 风中劲草

家长需要准备的用具:一根 1 米的绳子。

具体玩法:先找到一个点，以这个点为圆心，家长带领孩子们用事先准备好的绳子画出一个半径为 1 米的圆。其中一个孩子站在圆心位置，其他孩子们面向圆心站成一圈。圆心的队员身体绷直，向后斜倾，并以脚跟着地。周围的队员通过手上的推搡动作使其旋转起来。这个动作需要在成人指导下完成。

游戏目的:这个游戏可以培养孩子们的相互信任感。

32. 三人夹球跑

家长需要准备的用具:几个气球。

具体玩法:这是一个小组游戏，每组三人，家长可以和孩子一起配合完成。游戏以一支气球作为比赛器材。三人背靠背、手挽手，将气球夹在三人当中进行折返跑。在这个过程中，气球不许落地、不许挤破。通过计时计算成绩，用时较短的就可以获胜。

游戏目的:这是一个团队协作游戏，特别考验孩子们相互配合的能力。

33. 天气预报

家长需要准备的用具:一份规则表。

具体玩法:当一个人喊出"大雨""中雨"等口令时，所有人都一起做相应的动作。规则可以是:小雨时拍肩，中雨时拍腿，大雨时鼓掌，狂风暴雨时跺脚。可以先自己拍自己，然后两三人一组互相拍。对不同效果进行比较，用30秒思考协作的作用，然后再做一遍。组织者一定要做好引导，让孩子们明白团结协作的重要性。

游戏目的:这个游戏可以锻炼孩子们的团队协作能力。

34. 跑得快

家长需要准备的用具:几个小奖品。

具体玩法:家长可以将小朋友们召集在一起玩。家长和孩子围坐一圈。每个人伸出双手，左手食指和拇指握圈，右手食指放在旁边人的手指圈里。主持人喊"开始"后，每个人左手抓紧，右手逃跑。既能抓住手指，还能摆脱被抓的人，就是胜利者。

游戏目的:这个游戏能锻炼孩子的反应能力。

35. 几条腿

家长需要准备的用具:几个小奖品。

具体玩法:家长可以将小朋友们召集在一起玩游戏。主持人对小组人员落地的腿脚数量提出要求。小组成员之间不能沟通,只能手、脚触地,身体其他部分不着地。主持人喊"9条腿""4条腿""1条腿"等口号后,成员依靠想象力和创造力完成任务。

游戏目的:这是一个团队协作游戏,特别考验孩子们的配合默契度。

36.扮时钟

家长需要准备的用具:白板或墙壁、粉笔、三根长短不一的小棍。

具体玩法:家长可以将小朋友们召集在一起玩耍。先在白板或墙壁上画一个大的时钟模型,并将时钟的刻度标识出来。三个小朋友分别扮演秒针、分针和时针,手持小棍,背向白板或墙壁站成一排。家长说出任意一个时刻,扮演者需要快速地将自己代表的指针放到正确的位置上。

游戏目的:这个游戏可以锻炼孩子的反应能力。

37.传递空水瓶

家长需要准备的用具:一个空的矿泉水瓶。

具体玩法:参加游戏的人用头和脖颈夹住事先准备好的矿泉水瓶,传递给下一个人,不得用手接触。瓶子掉落或用手传递视作违规。家长和孩子可以反复玩几次,计时挑战,看看所用的时间会不会随着游戏次数的增多和熟练能力的增强而减少。

游戏目的:这个游戏可以培养家长和孩子的默契度。

38.警察抓小偷

家长需要准备的用具:一份小奖品。

具体玩法：一名家长可以和孩子面对面站立，互相伸出手，交错，互击。另一名家长喊"1"时，家长拍孩子的手；喊"2"时，孩子拍家长的手；喊"3"时，双方停住不动。做错的一方做深蹲动作，作为惩罚。做对的一方可以获得奖励。

游戏目的：这个游戏可以锻炼孩子的反应能力，增进亲子间的互动。

39. 老鼠狮子大象

家长需要准备的用具：一份小奖品。

具体玩法：家长可以将小朋友们召集在一起，分成两组。两组人分列两排，面对面站立。排头第一人说一个代号，然后向自己的队员耳语传递。每个人都知道后，裁判喊开始，两队人一起大声喊出自己的代号。以代号抓代号的形式开始抓人，例如：大象抓狮子，狮子抓老鼠，老鼠抓大象。哪一队可以不说错队员的代号并用时最少就赢了。

游戏目的：这个游戏可以锻炼孩子的反应能力，增进亲子间的互动。

40. 松鼠房子

家长需要准备的用具：一份小奖品。

具体玩法：这个游戏适合多个小朋友一起完成。全体人围成圈按照"1、2、3"报数。报"1"和"3"的小朋友用肢体搭房子，报"2"的小朋友扮作松鼠，蹲在中间。多余的人站在圈子中间。游戏中包含三种口令：猎人来了，失火了，地震了。当猎人来了，松鼠要离开房子，重新找新的房子。当猎人来了，失火了，房子就塌了，小朋友重新找伴搭新房子。当地震了，松鼠和房子都重新组合，松鼠要趁机抢房子。没了房子的松鼠要受到惩罚。

游戏目的:这个游戏可以锻炼孩子的反应能力。

41. 坐地起身

家长需要准备的用具:一份小奖品。

具体玩法:首先要四个人一组,围成一圈,背对背地坐在地上。然后,四人手"桥"手,一同站起来。增加人数可以加大难度。

游戏目的:这个小游戏不仅能锻炼孩子的运动能力,让孩子明白团队协作的重要性,学会与别人相处,还能促进孩子良好地生长发育。

42. 建立自信

家长需要准备的用具:一堆玩具、一个闪光的金属球。

具体玩法:家长可以带着孩子用玩具堆出一座玩具塔,在塔边搭一个平台,平台上放上一只闪光的金属球。让孩子把玩具塔当电梯,把平台拉到塔顶,又不让小球掉下来。让孩子多尝试几次。

游戏目的:家长通过游戏既启发了孩子的智慧,又保护了孩子的自信心。

43. 体会母爱（妈妈的一天）

家长需要准备的用具:孩子喜欢的布娃娃。

具体玩法:家长可以和孩子一起玩过家家游戏。让孩子扮演布娃娃的妈妈,帮着布娃娃穿衣服,梳理头发,扎上蝴蝶结,并接送布娃娃上学,哄她入睡等。

游戏目的:这个游戏能让孩子体会母亲的爱,同时学会感恩,以及自己的事情自己做。

44. 请女儿帮妈妈换衣服

家长需要准备的用具:妈妈的衣服。

具体玩法:这个游戏是让孩子帮妈妈换衣服。妈妈坐在椅子上，孩子先将要换的衣服放在一边，然后给妈妈脱掉上衣。待上衣脱掉后，孩子再把准备好的衣服给妈妈穿上。先穿左胳膊，再穿右胳膊，然后扣纽扣，再整理一下领子，最后将衣服捋顺。

游戏目的:这个游戏可以增加孩子和家长之间的融洽度，让孩子了解亲情，珍惜亲情，懂得亲情和爱。

45. 制作圣诞卡与贺年卡

家长需要准备的用具:一把剪刀、一瓶胶水、几张大小相同的硬纸片、一些美丽的贴画。

具体玩法:家长可以带着孩子一起制作贺卡，问候长辈。制作贺卡非常简单。首先用剪刀把事先准备好的硬纸片剪出贺卡的形状，写上几句温馨的祝福语，再用贴画等装饰一下就完成了。

游戏目的:这个游戏可以锻炼孩子的动手能力，同时培养孩子的感恩之心。

46. 保护弱小

家长需要准备的用具:一盆小花。

具体玩法:家长可以让孩子照顾一盆自己喜欢的花来体会照顾人的角色。同时，家长可以通过角色置换的方式，让孩子体验弱小的感觉。比如，家长轻轻地推孩子一下（要注意力度的把握），让孩子稍有摇晃即可。这种利用同理心的引导方式让孩子明白我们需要保护弱小，要满怀爱心地看待生活和世界。

游戏目的:这个游戏可以培养孩子的同理心。

47. 欢乐生日会

家长需要准备的用具:泡沫塑料、空盒子、自制小玩具等。

具体玩法:家长可以带着孩子一起用泡沫塑料做成彩色"生日蛋糕"，将其装在一只漂亮的空盒子内，还可以自制一些小玩具。然后，家庭成员围坐成大圆圈，边唱《生日歌》边传递"生日蛋糕"。当唱完一遍歌曲时，"蛋糕"在谁手中，谁就是过生日的那个人。于是手拿"蛋糕"的那个人请大家做客，其他人要送上小礼物。过生日的人也要回赠大家小礼物。

游戏目的:这个小游戏让孩子们学会了感恩和回馈。

48. 谎言游戏

家长需要准备的用具:小话筒、诚信的小故事。

具体玩法:这是个说谎者游戏。家长可以在孩子提出一些问题时，故意不自觉地用手掩口或用食指掩着上唇、抓面颊、鼻子或耳朵，而且眼神闪烁，表现出很不安的样子。让孩子猜猜家长这么做是为什么，还可以让孩子拿着话筒采访一下家长此时的心理。

游戏目的:这个游戏让孩子明白说谎的代价，诚信的重要性。

49. 怎样使气球不落地

家长需要准备的用具:两只气球。

具体玩法：开始时，家长和孩子面对面站着，家长轻轻地将气球拍起来，然后传递给孩子，接着由孩子传回来。传递过程中气球不准落地。练习一段时间后，家长将气球拿在手里，然后用手指、手掌、肩膀、头部、膝盖、脚尖等地方来轻轻地顶气球，目的是为了让气球不落地。家长做完后，让孩子照着做。

游戏目的：这个游戏可以锻炼孩子身体的协调性和灵活性。

50. 罐头高跷

家长需要准备的用具：空罐头盒子、绳子。

具体玩法：这个游戏叫作踩高跷。家长将平时家里吃完的罐头盒子收集起来，穿上绳子，高跷就做好了。将高跷绑在孩子的脚底。家长要握住孩子的手，让她试着一步一步地向前走。走上几遍后，孩子渐渐找到了重心，家长就可以不再扶他，让他自己慢慢地走。练习几天以后，孩子就可以独立走，而且走得很灵活了。

游戏目的：这个游戏能训练孩子的平衡感。

51. 踢毽子游戏

家长需要准备的用具：毽子。

具体玩法：家长可以带着孩子一起动手制作毽子。拿一根比较长的绳子，在绳子一端穿几粒大纽扣。将这些做完以后，就可以拿起绳子的另外一端握在手中，然后用脚去踢那几个大纽扣。家长先示范，让孩子学习模仿。等孩子熟练后，家长再教他改为左右脚交替踢，即花式踢。

游戏目的：这是个非常有趣的肢体智能游戏，有利于锻炼孩子腿部的灵活程度。

52. 伸展游戏

家长需要准备的用具：几首儿歌。

具体玩法：家长与孩子面对面地坐，两腿伸直、脚掌相抵、手指互勾，然后开始做一俯一仰的动作。俯仰动作的幅度都尽可能大。仰卧下去时，脚不能离开地面。这样，一俯一仰，犹如船工用力划船，一来一往又像两人对拉大锯。

家长一边教孩子做游戏，一边教孩子唱一首儿歌：

> 拉大锯，扯大锯，
>
> 锯木头，盖房子。
>
> 姥姥家，唱大戏，
>
> 接姑娘，请女婿，
>
> 小外甥，你也去。

游戏目的：这个游戏不仅可以让孩子的肢体得到运动，培养孩子的身体柔韧性，还能让孩子在游戏中学会儿歌，促进语言表达的能力。

53. 跳房子游戏

家长需要准备的用具：一截粉笔、一块石子。

具体玩法：游戏的名字叫作跳房子。家长在地上画一些格子，并在格子里按次序标上数字。游戏者以一只脚为主脚，另一只脚为副脚。跳房子游戏由数字格1开始，游戏者站在开始线外，将小石子丢入数字格1内。顺利丢入后，游戏者单腿跳入数字格2，在第三层可以由主副双脚分别站立于两个数字格3和4内，再由主脚单腿跳入第四层数字格5

后，到达第五层，然后返回，直到数字格2内。这时主脚单腿站立，弯腰捡起数字格1内的小石子后，主脚单腿跳回开始线外。若发生踩线、副脚非正规落地、小石子未丢中规定区域、跳错格子等任意失误，就算输了。游戏规则看上去很复杂，但玩起来很有意思，很有挑战性。

游戏目的:这个游戏可以锻炼孩子的体能和灵活性。

54. 遥控丢沙袋

家长需要准备的用具:一块手帕、沙包、空桶。

具体玩法:家长可以用手帕蒙住孩子的眼睛。孩子在家长的指挥下，把手里的沙包扔到不远处的空桶内。这个游戏也可以供多个小朋友分组玩。指挥者可以和被指挥者约定左移、右移、前进、后退、松手这五个动作的暗号方式，也可以敲碗、拍巴掌，但是不能说话。

游戏目的:这个游戏可以锻炼孩子的肢体智能，也能加强孩子的思维能力。

55. 跳跃前进

家长需要准备的用具:一条长长的绳子。

具体玩法:家长把绳子拉直放在地上。然后，他弯腰，弓下身子将双手放在绳子的右侧，双脚则放在绳子的左侧。然后，家长双手用力撑地，双脚起跳，跳到了绳子的右侧。接着，他又将手放在绳子左侧，双脚放在绳子右侧，再跳一次。重复做了几次后，让孩子也来模仿，左右交叉跳。

游戏目的:这个游戏可以锻炼孩子的身体智能。

56. 跳障碍，过山洞

家长需要准备的用具:几条1米左右长的绳子。

具体玩法:这个游戏适合多个孩子一起玩耍。家长把孩子们按两人一组分为几个小组。让一组拉直绳子，然后让剩下的小组依次先跳过绳子，再钻过绳子。需要注意的是绳子和地面的最佳距离是25～30厘米。

游戏目的:这个游戏可以锻炼孩子的身体智能。

57. 套圈拔河

家长需要准备的用具:一根粉笔、一只绳圈。

具体玩法:家长用粉笔在地上画了三条平行线，每两条线之间的距离为1米。两边的线为底线，中间的线为中线。然后，家长让孩子背靠背站在中线的两侧。两人的脚离底线和中线的距离要相等。家长将绳圈套在两人的腰上，然后让两人像拔河比赛一样用力向外拉，谁的双脚先碰到底线就为胜。

游戏目的:这个游戏叫作套圈拔河，可以锻炼孩子的力气与身体协调能力。

58. 前后运动

家长需要准备的用具:一根结实的棍子。

具体玩法:家长要先给孩子做示范动作。家长坐在地上，两臂前伸，上身弯曲，然后双手抓住棍子两头，先向后仰，再向前俯身。这样反复运动，直到开始感觉累。随后，家长开始指导孩子做这个游戏。

游戏目的:这个游戏可以锻炼孩子的前臂伸展力以及身体的柔韧性。

59. 练习竹竿舞

家长需要准备的用具:两根竹竿。

具体玩法:两位家长用手分别拿着两根平行竹竿的一端，将竹竿放在水平的位置上。然后再让孩子一边打拍子，一边完成动作。三个拍子的时候，竹竿就合拢，这时孩子的两腿必须跨在两根合拢竹竿的两侧。四个拍子的时候，两根竹竿是水平分开的，这时孩子的腿应该合并跳在两根竹竿中间。开始时，家长要慢慢地合并和分开竹竿，但节奏可以越来越快。如果有人出错，就要接受小小的惩罚。

游戏目的:竹竿舞的游戏可以锻炼孩子的身体协调能力和反应能力。

60. 走浮岛

家长需要准备的用具:一些大小不同的积木块，最小的一块可供孩子双脚并列站立。

具体玩法:家长带着孩子一起将这些积木块摆成浮岛的形状。积木块之间的距离要稍微大一些。游戏规则:设置一个起点和一个终点，然后让孩子站到积木块上，从起点出发，从一块积木跨到下一块积木，直到终点。孩子只能站在积木上，双脚不能离开积木。

游戏目的:这个游戏是个不错的肢体智能练习游戏，可以让孩子的身体得到充分的锻炼。

61. 滚圈游戏

家长需要准备的用具:呼啦圈。

具体玩法:玩游戏的两个人,蹲在地上,相距 0.6 米。一人将呼啦圈滚过去,一个人在对面用手接住。然后抓住呼啦圈的人再将它滚回来,第一个人用脚接住呼啦圈,再将它滚过去,第二个人在对面用脚接过呼啦圈。注意,做游戏的人必须连续做动作。

游戏目的:这个游戏可以锻炼孩子的身体灵活度。

62. 比赛远近

家长需要准备的用具:呼啦圈。

具体玩法:家长先在地上画一条起点线,从离起点线 2 米处开始再画几条平行线,这些线之间的距离都是 1 米。然后家长在两线之间分别写 1 分、2 分、3 分、4 分、5 分。然后让小朋友站在起点线边上,用力推呼啦圈。以呼啦圈倒下的地点决定得分,得分高者获胜。家长可以规定推的次数,以总分高者获胜,也可以召集孩子的小伙伴做群体游戏。

游戏目的:这个游戏可以锻炼孩子的协调能力和双手的灵活度。

63. 能投多远投多远

家长需要准备的用具:沙包。

具体玩法:家长让孩子一只手拿着小沙袋,先从头顶朝身后丢,然后再分开两腿,弯腰,将小沙包从两腿之间朝身后丢。这样反复丢几次,能丢多远丢多远。

游戏目的:这个游戏可以锻炼孩子的腰部力量,以及双臂的灵活度。

64. 用手搭出几何形

家长需要准备的用具:一个小奖品。

具体玩法:家长可以和孩子玩执行命令的游戏。开始时，孩子说出命令，家长来比划执行。例如，孩子说"书桌"，家长就比划书桌的形状。孩子说"脸盆"，家长就比划脸盆的形状。接着双方互换角色再继续。

游戏目的:这个游戏可以锻炼孩子手指的灵活程度，还可以锻炼孩子手部和大脑的配合。

65. 翻转唱歌

家长需要准备的用具:手帕。

具体玩法:家长和孩子背对背站立着，两只手分别各自握住手帕的一端。家长说"转"，两个人转过身来，面对面站着。家长又喊"转"，接着两人又转成背对背。如果是两个个子相当的小朋友玩这个游戏，那么可以不用手帕，互相握紧双手就可以。

游戏目的:这个游戏可以锻炼孩子双臂的灵活度，也有利于增进家人的感情。

66. 踩影子

家长需要准备的用具:手电筒。

具体玩法:这个游戏叫踩影子。晚上，家长把客厅灯关掉，打开手电筒后，影子就会投射在地面上，然后开始比赛踩对方的影子。

游戏目的:这个游戏既锻炼了孩子的体力，也锻炼了孩子的灵活程度。

67. 动动脚趾

家长需要准备的用具:笔、本子等。

具体玩法:家长可以和孩子一起玩用脚趾夹笔、本子或者是钥匙链之类的游戏。

游戏目的：这个游戏可以锻炼孩子脚趾的灵活性。

68. 能抛出多远

家长需要准备的用具：球。

具体玩法：家长和孩子都坐在地板上，保持一定距离。每人的双手都放在地板上支撑着身体的重量。两脚夹住一个球，做膝盖弯曲伸直的动作，目的是不让球掉下来。然后膝盖弯曲，再将球向前或向上抛去。

游戏目的：这个游戏可以锻炼孩子腿部的灵活程度以及腰部的力量。

69. 划船运动

家长需要准备的用具：书本。

具体玩法：家长张开双脚坐在床上，让孩子坐在自己的双腿之间。接着，家长和孩子每只手里各拿一本书。家长弯曲手臂，将书本当作是船桨，前后仰合身体，做划船动作。然后，孩子模仿家长的动作，开始做划船运动。不久以后，孩子就可以做得很规范了。

游戏目的：这个游戏可以锻炼孩子腰部和手臂的力量，同时增加腰部以上身体的灵活性。

70. 朋友的默契

家长需要准备的用具：绳子。

具体玩法：这是两人三足的游戏。家长和孩子并排站好，并将双方相邻的两只脚绑在一起。然后往前跑。在跑的过程中，需要两人配合得很默契。如果配合不好，两人都会摔倒。

游戏目的：这个游戏要求两个参与者配合默契，能培养孩子的合作意识。

71. 拼图

家长需要准备的用具：孩子喜欢的拼图。

具体玩法：家长可以和孩子一起玩拼图游戏。根据孩子的年龄特征来设定拼图的难易程度。

游戏目的：这个游戏可以锻炼孩子的专注度。

72. 小帮手

家长需要准备的用具：手袋等日用品。

具体玩法：家长带孩子出门前，让他帮忙找你的手袋。手袋要一直放在特定的地方，待孩子熟悉后，悄悄转移手袋的位置，但不要藏匿，让他稍加寻找就可以找到。孩子找到后，要感谢他，并引导他说出手袋应该放在何处。同样的游戏，可转换成找拖鞋、找衣服等。

游戏目的：这个游戏有益于孩子形成理性思维和良好的注意力，同时还能帮助孩子养成井井有条的好习惯。

73. 找不同

家长需要准备的用具：各种不同图案的书或者找不同的游戏书。

具体玩法：家长让孩子仔细观察每幅图案的特点，并按要求找出对应的东西。

游戏目的：这个游戏可以锻炼孩子的观察能力和辨别能力。

74. 一模一样

家长需要准备的用具:一个小奖品。

具体玩法:家长和孩子面对面地坐着。然后说出身体的某个部位的名称,家长和孩子比赛谁能更快地找到这个部位。随着熟练程度的加强,家长可以连续说出好几个部位,说的速度也可以加快。

游戏目的:这个游戏可以锻炼孩子的注意力。

75. 发现美丽

家长需要准备的用具:一份小奖品。

具体玩法:家长可以利用大自然的天然色彩,让孩子寻找。比如,找出万绿丛中的一点红、一点黄。当孩子辨别能力增强时,让他在色彩斑斓的环境中寻找某一种色彩的植物或事物。

游戏目的:这个游戏既可以锻炼孩子的注意力,又能让孩子亲近大自然,培养孩子发现美的能力。

76. 抗干扰游戏

家长需要准备的用具:画笔、画本、乒乓球等。

具体玩法:游戏时,家长要让孩子独立完成一项活动,如画画,拍球,数数等。然后家长人为设置干扰,训练孩子的注意力的高度集中。例如,让孩子把乒乓球放在球拍上,手持球拍绕桌子行走一圈。在这个过程中,要求乒乓球不能掉下来。家长在旁边进行捣乱,但不能碰到他的身体。例如,家长一边拍手和踩脚,一边说"掉了!掉了!"孩子必须抗住干扰,保持镇定和注意力集中,完成游戏。

游戏目的:这个游戏对提高孩子的注意力非常有效。

77. 玩扑克游戏

家长需要准备的用具:纸牌。

具体玩法:家长取三张不同的牌（去掉花牌），随意排列于桌上，选取其中一张并要记住，如梅花2。让孩子盯住这张牌，然后把三张牌倒扣在桌上。家长随意更换三张牌的位置，然后，让孩子报出梅花2是哪张牌。如孩子猜对了，就胜利了。两人轮换做游戏。随着孩子辨别能力的提高，家长可以增加牌的数量或加快变换牌位置的速度。

游戏目的:这个游戏可锻炼孩子注意力的高度集中和快速反应能力。

78. 反口令

家长需要准备的用具:一个小奖品。

具体玩法:家长说一个口令，孩子按照口令做相反的动作。例如，家长说"向前一步走"，那孩子就需要向后一步退。家长和孩子可以轮流发布口令。

游戏目的:这个游戏能非常好地锻炼孩子的反应能力。

79. 追踪思考

家长需要准备的用具:瓶子、纸盒、钢笔、书等几件小物品。

具体玩法:把准备好的小物品放在桌子上，对每件物品进行追踪思考两分钟，即在两分钟内思考某件物品的一系列有关内容。例如思考瓶子时，想到各种各样的瓶子、瓶子的用途、瓶子的制造，以及造玻璃的矿石来源等。两分钟后，立即把注意力转移到第二件物品上，并展开思考。开始时，较难做到两分钟后的迅速转移注意力，但如果每天练习10多分钟，两周后情况就大有好转了。

游戏目的：这个游戏可以锻炼自我控制能力。

80. 大脑抽屉

家长需要准备的用具：纸、笔。

具体玩法：家长要求孩子设想出自己的三个计划，比如学习某学科知识的计划、旅游计划、制作航模计划。孩子对每个计划分别思考2~3分钟。在思考一个计划时，孩子要排除其他干扰，特别是另两个计划的干扰。开始训练时，可以先对每个计划思考1分钟，逐渐增加时间，但不要超过3分钟。

游戏目的：这个游戏可以促进孩子的思考，培养孩子对自己的规划和管理能力。

81. 画面回忆

家长需要准备的用具：图画作品。

具体玩法：先花一分钟观察事先准备好的画作，然后闭上眼睛回忆和复述画面的内容，尽量做到完整。复述后，睁开眼睛看一下原画。如复述的不完整，重新回忆一遍。为了增加趣味性，家长可以和孩子以比赛的形式进行。图画作品也可以替换成一组无规律的数字或汉字。

游戏目的：这个游戏可以训练孩子的专注力，以及注意力的广度。

82. 白日做梦

家长需要准备的用具：书籍、杂志等。

具体玩法：家长和孩子共读一本图书或杂志，然后选择图书或杂志中的任意一句话追溯思考，将文字转换成画面，在头脑中形成动态联想的画面。

游戏目的：这个游戏可以培养孩子的想象能力。

83. 字母的逻辑

家长需要准备的用具：一套英文字母卡片。

具体玩法：家长先把26个字母按照顺序排列好，让孩子熟悉和辨认。经过一段时间后，让孩子自己排序。当孩子可以独立把打乱的字母重新排列好后，就可以背诵26个字母了。

游戏目的：这个游戏可以锻炼孩子的逻辑能力，同时也可以培养孩子学习英语的兴趣。

84. 声音壁画

家长需要准备的用具：带有动物头像的面具。

具体玩法：家长可以将小朋友们召集在一起玩。小朋友分成两组。一组小朋友头上戴面具，可以适当做一些动作，但不能发出声音。另外一组要模仿第一组小朋友面具上动物的叫声。

游戏目的：这个游戏可以锻炼小朋友的语言表达能力和肢体模仿能力。

85. 词汇游戏

家长需要准备的用具：字卡。

具体玩法：为了培养孩子对词语的敏感度，家长可以准备一些字卡，并有意识地和孩子进行组词、接龙等常识性的词语游戏。

游戏目的:这个游戏既可以丰富孩子的词汇量,又可以帮助他们塑造自信。

86. 归类游戏

家长需要准备的用具:六个分别写着"水果""动物""电器""颜色""蔬菜""文具"的纸箱,以及标有相应分类事物名称的卡片。

具体玩法:家长可以和孩子玩从纸箱中找卡片的游戏。比如家长说找出大象,孩子就需要先找到写着"动物"的纸箱,然后从里面找出标有"大象"的卡片。

游戏目的:这个游戏不但可以锻炼孩子的判断能力,还可以锻炼孩子对词语的归类能力。

87. 拍手游戏

家长需要准备的用具:白卡纸、剪刀、笔。

具体玩法:先用剪刀把白纸裁成长方形的小卡片,并在纸上写些词语。然后让孩子浏览卡片,并记住词语的前后排序。接着打乱卡片顺序,家长说出卡片上的词语,孩子按照原先卡片上的顺序拍手。

游戏目的:这个游戏可以增加孩子的词汇量,并锻炼孩子的记忆力。

88. 儿童医院游戏

家长需要准备的用具:医疗器械(听诊器、体温表、针筒等)、药片、布娃娃及辅助材料。

具体玩法:这是一个家长带着孩子去医院看病的角色扮演游戏。家长扮演医生,孩子扮演家长,布娃娃扮演孩子。

游戏目的：这个游戏可以帮助孩子消除对医院和医生的恐惧感。

89.　水果销售游戏

家长需要准备的用具：几种水果。

具体玩法：家长可以和孩子玩水果销售角色扮演游戏。游戏过程中，家长要有意识地引导孩子学会如何沟通、如何做能吸引顾客，以及购买水果时如何挑选等。

游戏目的：这个游戏可以培养孩子的沟通能力，并锻炼孩子多说礼貌用语。

90.　童装设计师

家长需要准备的用具：彩色笔、小剪刀、白纸、糨糊、抹布等。

具体玩法：孩子扮演服装设计师，家长扮演顾客。顾客提出设计需求，让设计师解决。设计师也要积极沟通，才能更好地理解顾客想要的设计样式。沟通完成后，设计师需要在纸上画出草图，并裁剪下来。

游戏目的：这个游戏可以培养孩子的沟通能力、理解能力和动手能力。

91.　锦上添花游戏

家长需要准备的用具：一个小奖品。

具体玩法：这是一个语言游戏。先说一个很短的句子，然后不断地把句子加长。每个人都需要在前一个人的基础上增加新的词汇。越到后面，游戏难度越大。

游戏目的：这个游戏可以锻炼孩子的记忆力，并提高孩子的思维敏捷性和反应能力。

92. 音乐钓鱼

家长需要准备的用具:粉笔、小木棍、布团。

具体玩法:先在地上画一个五线谱,每条线之间大约相距0.5米,然后制作一根钓鱼竿,并将软布团成球状吊在钓鱼竿上。家长蹲在五线谱上扮演鱼,孩子扮演钓鱼者。孩子一边钓鱼,一边唱出家长所在位置代表的音符。

游戏目的:这个游戏可以帮助孩子加强对音符和音准的记忆。

93. 节奏游戏

家长需要准备的用具:一列玩具小火车。

具体玩法:这个游戏模拟火车进站以及启动时的情景。模拟火车开动的声音可以由弱渐强,然后进入正常。

游戏目的:这个游戏可以让孩子熟悉节奏,掌握好节奏的力度和速度。

94. 大家一起来投球

家长需要准备的用具:几双袜子或几张纸、小塑料盆、粉笔。

具体玩法:先用粉笔画一条线,并把塑料盆放在离线不远处。家长和孩子站到画好的线前面,把袜子或者纸揉成的球,抛进塑料盆。抛得多的人获胜。

游戏目的:这个游戏可以锻炼孩子的协调性,增强独立性和自信心。

95.五指歌

家长需要准备的用具:一段音乐。

具体玩法:全家人围成圆圈，孩子扮演小猎手，随着音乐做动作。随着音乐节奏，家长双手逐一伸屈。猎手做打枪的动作，瞄准谁时，谁立即跳出。

游戏目的:这个游戏可以锻炼手指的灵活性，培养孩子的节奏感和创造性。

96. 小鸡吃米

家长需要准备的用具:笔、小纸片。

具体玩法:这是一个角色扮演游戏，孩子可以喊小朋友一起玩。人越多越好玩。在地上画一个圆圈当鸡舍，家长站在圈外，扮演饲养员。孩子们站在圆圈内，扮演小鸡。饲养员撒"米"（即小纸片），小鸡们争食。拾得小纸片最多者获胜。可以互换角色多玩几次。

游戏目的:这个游戏可以培养孩子的运动能力与交际能力。

97. 小鱼追小虾

家长需要准备的用具:一段音乐。

具体玩法:这是一个追逐游戏。家长和孩子分别扮演小鱼和小虾。音乐起，小鱼追小虾。小虾向前跳至少三次，小鱼必须站住不动。小虾跑，小鱼才能开始追。音乐停，小虾跑到了原来的位置，并且未被"小鱼"逮住就算获得胜利。

游戏目的:这个游戏可以培养孩子的运动能力与交际能力。

98. 顶羊角

家长需要准备的用具:算术题纸、胶带。

具体玩法：家长可以将小朋友们召集在一起玩，并将孩子们分成两组。将写有算术题的纸贴在孩子的背上。音乐开始，两组的孩子随着音乐节奏模仿小羊的动作：低头、弓背、两手下垂。先看到对方背上的题目并算出得数的孩子获胜。

游戏目的：这个游戏可以锻炼孩子思维的灵活性，巩固已学知识。

99. 夹包跳

家长需要准备的用具：沙包、粉笔、小奖品。

具体玩法：家长画出起始线，并在由近至远的位置标上分数。距离越远，分数越高。孩子两脚夹住沙包，跳跃前进，至起始线处，用脚夹紧沙包向前抛出。根据沙包落在的位置计算得分。夹抛 3 次后算总成绩。在游戏中，可以使用儿歌："小沙包，真正好，夹起沙包向上跳，一二三，用力抛，看谁得分真正高！"

游戏目的：这个游戏可以让孩子练习跳跃动作。

100. 兜兜水果

家长需要准备的用具：围裙、玩具水果。

具体玩法：场地上画两条线，相距 2 米左右即可。家长和孩子分别站在两条线上。一方穿着围裙，另一方向围裙里扔玩具水果。

游戏目的：这个游戏可以锻炼孩子的运动能力和反应能力。